横琴
HENG
QIN

横琴
HENG QIN

绽放琴澳一体化之花

横琴粤澳深度合作区规则衔接路径探索

（2021—2024年）

顾问　莫纪宏　唐晓晴　张　威

横琴粤澳深度合作区法律事务局　编著

法律出版社
LAW PRESS·CHINA
·北京·

图书在版编目（CIP）数据

绽放琴澳一体化之花：横琴粤澳深度合作区规则衔接路径探索：2021－2024年／横琴粤澳深度合作区法律事务局编著. -- 北京：法律出版社，2024. -- ISBN 978－7－5197－9457－6

Ⅰ. F127.653;F127.659

中国国家版本馆CIP数据核字第2024GG3892号

绽放琴澳一体化之花：横琴粤澳深度合作区规则衔接路径探索（2021—2024年）
ZHANFANG QIN－AO YITIHUA ZHI HUA：HENGQIN YUE－AO SHENDU HEZUOQU GUIZE XIANJIE LUJING TANSUO（2021－2024 NIAN）

横琴粤澳深度合作区法律事务局 编著

责任编辑 陈昱希
装帧设计 汪奇峰

出版发行 法律出版社
编辑统筹 法规出版分社
责任校对 董 昱
责任印制 耿润瑜
经　　销 新华书店

开本 710毫米×1000毫米 1/16
印张 16 **字数** 226千
版本 2024年11月第1版
印次 2024年11月第1次印刷
印刷 北京盛通印刷股份有限公司

地址：北京市丰台区莲花池西里7号（100073）
网址：www.lawpress.com.cn
投稿邮箱：info@lawpress.com.cn
举报盗版邮箱：jbwq@lawpress.com.cn

销售电话：010－83938349
客服电话：010－83938350
咨询电话：010－63939796

书号：ISBN 978－7－5197－9457－6
定价：98.00元

凡购买本社图书，如有印装错误，我社负责退换。电话：010－83938349

序言 / PREFACE

建设横琴粤澳深度合作区（以下简称合作区）是习近平总书记亲自谋划、亲自部署、亲自推动的重大决策。习近平总书记一以贯之深情关心关注横琴每一步发展，尤其是琴澳规则衔接、机制对接工作。2012年12月，习近平总书记视察横琴时强调“要发扬敢为人先的精神，先行先试，进一步扩大开放，勇于探索，勇于去闯，在体制机制创新方面，为粤港澳合作作出贡献”。2021年4月，习近平总书记主持会议审议《横琴粤澳深度合作区建设总体方案》（以下简称《横琴方案》）时指示，“要用好横琴合作区这个不同规则和机制交错共存的区域，积极探索两地规则衔接和机制对接，为粤港澳大湾区市场一体化探索经验”。

2021年9月，中共中央、国务院印发的《横琴方案》3次提及“琴澳一体化”、4次提及“与澳门一体化”。我们认为规则衔接、机制对接是推动“琴澳一体化”的主要途径和根本出路，是合作区工作的“生命线”。3年来，合作区组建规则衔接专责小组、研究规则衔接实施路径、部署规则衔接年度任务清单，坚持“小切口、广拓展、深挖掘”思路，在国家部委、粤澳双方的积极支持和关心指导下，锲而不舍、孜孜以求全力推进一系列规则衔接、机制对接探索与实践，初步实现琴澳产业通、民生通、要素通、服务通、民心通，基本构建起了具有琴澳特色的一体化发展新体系。

值此中华人民共和国成立75周年、澳门回归祖国25周年、合作区成立3周年之际，合作区法律事务局牵头统筹，会同合作区执行委员会各工作机构、广东省横琴办各处（局）及中央、省、市驻区单位，立足广义规则衔接、机制对接视角，围绕“发展新产业”“建设新家园”“构建新体系”“健全新体制”，凸显可知可见可感，系统梳理总结形成重点产业、社会民生、开放体系、体制机制、法治保障等方面共51个典型案例。这些案例既包括特色产业协同发展的模式创新，亦有公共服务和社会保障体系的对接衔接，既包括人、货、资金、信息等要素跨境便捷流动的具体举措，亦有推动粤澳共商共建共管共享机制顺畅运作的先行探索，及法治创新实践，以琴澳一体化发展取得的阶段性成效，与社会各界共同分享合作区开展规则衔接、机制对接的成果经验。

党的二十届三中全会通过的《中共中央关于进一步全面深化改革推进中国式现代化的决定》指出，“深化粤港澳大湾区合作，强化规则衔接、机制对接”。合作区开发建设即将迈入第二阶段新征程，面对新形势、锚定新目标，迎接新挑战，我们将不忘初心、牢记使命，深入贯彻落实《横琴方案》《横琴粤澳深度合作区总体发展规划》要求，紧紧围绕“合作区与澳门经济高度协同、规则深度衔接的制度体系全面确立”“各类要素跨境流动高效便捷”“公共服务和社会保障体系更加完善”“琴澳一体化发展水平进一步提升”等目标任务，聚焦琴澳经营主体和粤澳居民、广大人才等利益关切，着力破解重点领域和关键环节规则衔接、机制对接存在的堵点、痛点、难点问题，解放思想，担当作为，更大力度推进琴澳规则衔接、机制对接系统集成，为将合作区打造成为具有中国特色、彰显“两制”优势的区域开发示范创造条件。

是以为序！

本书编写组

2024年10月

目录 / CONTENTS

01 新产业篇

02 新家园篇

03 新体系篇

04 新体制篇

05 法治保障篇

新产业篇

创新跨境科创合作模式

《横琴方案》明确提出，“高标准建设澳门大学、澳门科技大学等院校的产学研示范基地，构建技术创新与转化中心，推动合作区打造粤港澳大湾区国际科技创新中心的重要支点”。3 年来，合作区紧紧围绕发展促进澳门经济适度多元的新产业，充分拓展延伸澳门高校、国家重点实验室等原创优势资源，联动澳门打造科技创新平台，以政策创新为核心促进人才、资本、信息、技术等跨境便利流动，探索走出一条科技研发和创新合作的新路子。

一、主要做法

（一）构建“澳门研发 + 横琴转化”链条

与澳门经济及科技发展局、澳门科学技术发展基金合作，联动推进琴澳产学研融合，以“企业出题、高校解题”的模式，支持澳门高校科研人员解决横琴企业特定技术问题，提高横琴企业研发效率，解决横琴企业“瓶颈”难题。与澳门大学、澳门科技大学等澳门高校深度合作，推动澳门大学、澳门科技大学产学研示范基地以及模拟与混合信号超大规模集成电路、中药质量研究、月球与行星科学、智慧城市物联网等 4 个国家重点实验室分部落户合作区，合作开展高校科技成果的转化及产业化，稳步推进“澳门研发 + 横琴转化”一体化创新格局加快成型。

珠海澳大科技研究院

（二）打造跨境联合孵化平台

合作区已认定粤澳合作中医药科技产业园、横琴·澳门青年创业谷、横琴国际科技创新中心、三一南方总部大厦、珠光·优客工场、AHA港澳青年孵化中心等6个面向港澳青年的创新创业基地，可使用孵化办公面积达22万平方米。与澳门青年创业孵化中心签署“跨境联合孵化”框架协议，设立“澳门青年创业服务中心”、成立琴澳产业协同创新联盟，合作开展“澳门青年创业训练营”，助力澳门青年在合作区安心创业。围绕空间支持、服务配套、合作交流等方面，搭建全方位服务体系，为澳门青年在合作区创新创业提供完善场地设施、“一条龙”孵化服务和丰富创新创业资源。

合作区澳门青年创新创业基地（粤澳合作中医药科技产业园）

（三）推动以赛引企聚才

为加快国际高端人才、项目和创新要素集聚，合作区连续举办三届横琴国际科技创新创业大赛（以下简称科创大赛），第三届设立3亿元奖金用于支持大赛优胜项目团队，在全球范围内重点招募集成电路和电子元器件、生物医药和医疗器械、大数据和人工智能、新材料和新能源等领域的国际优秀科创团队项目，并首次将优胜团队落地范围和无偿资助资金使用范围扩大至澳门，通过专设“澳门赛道”、面向我国澳门地区及葡语系国家（地区）设立“新青莲奖”等举措，全面深化合作区与我国澳门地区、葡语系国家（地区）在科技创新领域合作，吸引更多国际优秀人才、海外先进技术成果汇入琴澳。

第三届横琴国际科技创新创业大赛发布会

二、实践成效

（一）跨境科研合作成效显著

与澳门大学共建的产学研示范基地投入使用，成功打造微电子研发中心等 5 大中心和 1 个高级培训中心。与澳门科技大学共建的产学研示范基地正全面开展重点领域的前沿技术研发，成功引进一批高水平、高质量原创科研成果。中葡科技交流合作中心暨科技型中小企业创新创业集聚地等多个平台落户横琴，广东省智能科学与技术研究院粤港澳脑智工程中心暨粤港澳大湾区脑智工程研究会在我国澳门地区成立，引入粤澳两地产业资金共同组建投资基金，进一步推动琴澳科技创新联动发展。“澳门研发 + 横琴转化”创新链条作用加快凸显，澳门大学、澳门科技大学研究院进入院企合作“密集期”，已累计开展科研项目 369 个。

珠海市迪奇孚瑞生物科技有限公司

（二）跨境科创孵化项目不断涌现

合作区科创产业规模逐步扩大，已逐渐发展成为澳门青年创新创业的首选之地，集聚芯潮流、跃昉科技、迪奇孚瑞等一批高成长澳资科技企业。截至 2024 年 9 月，合作区科技企业孵化器、新型研发机构等各类国家级、省级科技创新平台达 27 家，青创基地累计孵化企业（项目）超 800 个，其中孵化澳门青年创业企业（项目）超 400 个。合作区累计引进院士、国家级人才计划入选者等各类高层次人才超 120 名，累计引进和培育国家高新技术企业超 260 家，区域创新发展驱动力加快释放。

粤澳集成电路设计产业园

（三）琴澳国际科创吸引力全面突显

三届科创大赛累计招募超 3256 个项目参赛报名（第一届 955 个，第二届 942 个，第三届 1359 个），其中澳门赛道参赛项目 401 个，其他境外参赛项目 316 个，项目遍布全球 16 个国家及地区。普强时代、极海半导体、芯潮流等优质科创项目脱颖而出，并顺利落地合作区。其中，第三届科创大赛评选出的博维资讯、牲物科技、太赫兹技、Yosen 等我国澳门地区和葡语系国家（地区）科创项目成功获得“新青莲奖”并落地合作区。

三、下一步工作思路

合作区将加快构建科技、产业、人才三要素协同联动、相互支撑的产业科技创新生态，推动琴澳科创产业协同创新，加速聚集更多创新力量，持续导入优质创新资源，全力打造粤港澳大湾区国际科技创新中心的重要支点，为促进澳门经济适度多元发展塑造新动能。

（供稿单位：合作区经济发展局、合作区民生事务局）

首创“澳门监造”“澳门监制”“澳门设计”品牌标志

创新推出“澳门监造”系列标志是落实《横琴方案》有关部署，促进合作区发展澳门品牌工业、深化琴澳规则衔接的具体实践。合作区通过制定“澳门监造”系列标志管理办法，发布品牌设计标识，成立管理机构，携手澳门打造区域联合品牌，助力澳门特色优质产品拓展海内外市场。

一、主要做法

（一）明确品牌管理内涵

2023 年 10 月，合作区印发《“澳门监造”“澳门监制”“澳门设计”标志管理办法（暂行）》，创新性提出“澳门监造”系列标志定义和申请、使用、管理条件，明确在合作区生产的经澳门审批和注册的中医药产品、食品及保健食品，可申请使用“澳门监造”系列标志。其中，“澳门监造”标志须由使用标志主体在合作区自行完成生产，“澳门监制”标志须由使用主体委托合作区企业完成生产，“澳门设计”标志须在合作区生产且取得澳门有效专利或设计及新型权。

（二）创设品牌形象标志

2024 年 5 月，合作区发布“澳门监造”系列标志，设计理念以澳门标志性元素“莲花”为基础，结合“澳门监造”“澳门监制”“澳门设计”文字，整体风格简约庄重、辨识度高，同时易叠加于各类应用产品的自有设计，符合国际主流设计方向及后续推广需要，象征澳门更好融入国家发展大局，寓意琴澳在推动产业高质量发展上强强联手、携手同行。

“澳门监造”“澳门监制”“澳门设计”标志

（三）设立品牌管理机构

成立“横琴粤澳深度合作区澳质品牌促进中心”（以下简称澳质中心），作为“澳门监造”系列标志运行管理机构，主要负责标志的商标注册和著作权登记，开展标志使用申请受理、组织评审、公示公布、授权发证、证后监管、品牌推广等工作，培育和引入符合标志申请资格的优质企业，为企业产品研发、质量管理、市场营销、品牌建设等搭建交流服务平台，构建标志品牌生态。

（四）构建标志评审体系

通过参考澳门与内地在食品药品生产以及产品质量安全监管方面的要求，组建由澳门和内地专家组成的评审专家组，以澳门和销售目的地的最严标准作为产品检测标准，将标志申请资格条件、企业和产品的澳门元素、生产必需的硬性条件、管理体系及制度保障、企业信用和自我声明作为评审的核心内容，建立系统、全面并适用于中医药等澳门品牌工业发展新模式的标志评审体系。

二、实践成效

（一）助力澳门品牌工业发展

“澳门监造”系列标志立足粤澳资源禀赋和发展基础，最大限度保留了澳门地域品牌特色，通过引进一批具有“信心保证”的澳门品牌工业产品，实现“生产在合作区，销售在境内外”，全面提升中医药、食品等澳门品牌工业综合竞争力。

（二）完成首批产品标志授权

截至 2024 年 9 月，澳邦药厂有限公司、分子态（横琴）中医药健康产业发展有限公司、岐英堂（珠海横琴）制药有限公司、金熊药业（珠海横琴）有限公司 4 家企业的 14 款产品提交标志使用申请，其中 6 款产品已完成授权。从产品类型上看，包括内服中药、外用中药、保健食品、植物分子精华固体饮料等。

澳邦药厂有限公司获颁首批产品标志授权使用证书

（三）评审机制运作顺畅

澳质中心积极发挥在政府和行业、企业之间的桥梁纽带作用，助力企业申报“澳门监造”系列标志，提高澳门品牌工业的质量管理水平，全面提升品牌影响力。评审机制已通过2家企业6款产品的全流程、全要素有效验证，专家和企业均予认可。同时，粤澳两地专家通过联合评审，分享澳门和内地在生产组织、品质管理等方面的优秀经验，进一步加深两地专家的技术交流和互学互鉴。

三、下一步工作思路

合作区将联合粤澳两地相关政府部门及专业机构共同做好标志的发放、权益保护、品牌建设和价值实现等工作，深化与澳门有关部门以及澳门知名标志品牌方的交流合作，推动在信息互通、专家库建设、品牌推广等方面开展更多规则衔接、机制对接的有益实践，携手将“澳门监造”系列标志打造成为代表琴澳品质、具有琴澳特色的区域知名品牌。

（供稿单位：合作区商事服务局）

推动琴澳跨境旅游资源互通共享

高水平建设横琴国际休闲旅游岛，支持澳门世界旅游休闲中心建设，是促进澳门产业多元发展的重点举措。合作区立足琴澳旅游资源禀赋优势，联合制定便利国际游客的旅游政策，打造“一程多站”旅游精品线路，持续推动两地跨境旅游资源互通共享，重点在客源共享、线路联动、活动共办等领域全面深化对澳旅游合作，逐步探索出琴澳旅游一体化发展新模式。

一、主要做法

（一）推动旅游客源互通共享

为进一步便利琴澳两地人员往来，经外交部批准，外交部驻澳公署自 2022 年 9 月 1 日起，为符合条件的在澳外籍人士赴合作区提供更加便利的签证政策。其中，外籍永久居民可申请 5 年多次旅游签证，外籍非永久居民可申请与居民身份证有效期一致的多次旅游签证，专业外籍雇员可申请 1 年多次旅游签证，临时来澳、拟赴合作区参加会展的外籍人士可申请 3 个月多次商贸签证。国家移民管理局自 2024 年 5 月 6 日起，支持参加“琴澳旅游团”人员可以多次往返琴澳，即参加“琴澳旅游团”的内地居民，可以凭参团材料申办“琴澳旅游”的团队旅游签注，参团人员入境澳门后，7 日内可以“团进团出”方式经横琴口岸多次往返横琴与澳门。

（二）打造“一程多站”旅游线路

全面深化琴澳旅游合作，推动建立琴澳旅游业界“共商共建”沟通机制，推出“赏游横琴”跨境旅游推介活动，以互为旅游目的地的形式开展旅游宣传，共同打造旅游品牌，开发旅游产品。琴澳旅游业务联盟创新推出“琴澳联合旅游产品”，主要包含澳门世遗历史游、高端酒店度假村套票、年轻人喜爱的文创艺术游，以及横琴珠海长隆海洋度假区等系列独具特色的旅游产品，其中首发的“琴澳一家亲”套餐，特别推出针对澳门居民的联游套票和住宿新体验。琴澳文旅部门联合推行“澳琴同游激励计划”，对在澳门及合作区筹办的“奖励旅游”活动，分别提供澳门和横琴的纪念品及多项琴澳特色旅游产品支持，吸引相关商务旅客团游琴澳。

2023“齐齐葡—葡语国家及澳门产品特色市集”（横琴律道公园站）

（三）开展“一节两办”文体活动

为推动澳门文化品牌延伸至合作区，琴澳联合举办了澳门国际文化美食节（横琴站）、澳门·横琴艺墟、“齐齐葡—葡语国家及澳门产品特色市集”、澳门国际喜剧节、琴澳杯、横琴马拉松、横琴天沐河名校赛艇邀请赛、珠澳导游职业技能竞赛、珠澳高校电竞联盟挑战赛、一起去琴澳过大年、粤澳璀璨光影秀、“粤澳共此时”花海欢乐季、横琴天沐河草地音乐节、横琴天沐河盛夏音乐会等一批跨境文化、节庆、赛事品牌活动，聚力打造琴澳文体交流合作“共同体”。

上图 / 中图：“2023 粤澳璀璨光影秀”与“澳门国际文化美食节（横琴站）”
下图：“横琴天沐河水舞光影秀”

二、实践成效

（一）琴澳文旅消费市场焕发活力

随着琴澳跨境旅游资源互通共享、优势叠加，来横琴短期度假已成为许多澳门居民的日常选择。“横琴 + 澳门”旅游线路成为不少粤澳居民首选，琴澳诸多精彩盛事及活动吸引大批游客深度体验，从澳门来横琴短期度假或选择以“琴澳”联游为目的地的出行安排，从小众逐渐成为热门。据统计，2023 年合作区全年主要景区接待游客 1163.58 万人次，同比增长 341.48%，较 2019 年同期增长 25.03%，平均每日各景区游客量 31,879 人次；主要景区旅游收入 27.88 亿元，同比增长 422.41%，较 2019 年同期增长 11.45%。

“琴澳旅游团”多次往返首发团

（二）琴澳文旅规则衔接初见成效

自实施港澳导游及领队在合作区便利执业以来，累计 885 名港澳导游及领队（含澳门导游 698 名、香港导游及领队 187 名）领取横琴专用导游证。合作区在国际服务标准引入、国际质量认证等方面与澳门旅游大学开展教学合作，引进澳门职业技能认可基准（MORS）课程。2024年5月，全国首个“琴澳旅游团”共16名旅客经横琴口岸顺利办妥出境查验手续，标志着“琴澳旅游团”政策在横琴口岸正式实施，截至2024年9月，已有44家旅行社获得“琴澳旅游团”经办资质认定，为旅客提供更多“琴澳联游”的新选择，助力促进两地旅游资源一体融合发展。

“澳门·横琴艺墟”活动

（三）琴澳文化交流日趋紧密

随着琴澳文旅产业的深度融合发展，两地频繁“一节两办”文化旅游交流活动，切实增强了两地民众的交流与融合，合作区已举办澳门品牌活动“一节两办”6场，吸引超25万人次参与。以“澳门·横琴艺墟”活动为例，该活动集中展示及销售涵盖非遗文化、特色手工艺品、生活用品、衣物配饰、工艺展品等，设有12场创意手作坊以及草坪露天电影、轻量级户外运动，吸引数万名观众参与，不仅促进了两地艺术家和手工艺人的艺术交流，也让两地居民和游客体验到对方的文化魅力，加深了文化认同和归属感。

三、下一步工作思路

合作区将持续推动与澳门旅游标准、旅游要素互认互通，制定与澳门相衔接、国际高标准的旅游行业管理和旅游服务的规则，高标准打造“琴澳联游”品牌和“一程多站”精品线路，进一步促进琴澳文旅产业协同发展。

（供稿单位：合作区经济发展局、合作区民生事务局、珠海出入境边防检查总站）

联动实施琴澳"一会展两地"

琴澳联动发展会展业是落实合作区"四新"产业重点任务、衔接澳门"1+4"多元发展策略的创新举措。合作区会同澳门招商投资促进局，通过搭建会展平台、整合优势资源、推出扶持政策、培育会展品牌等方式，初步建立了优势互补、资源互通的"一会展两地"融合发展格局。

一、主要做法

（一）推出会展专项通关措施

落实"一签多行"政策，为参加合作区与澳门联合举办跨境会展工作人员、专业参展人员和持有展会票务证明的境内外旅客，依法依规提供申请办理出入境证件、签证（注）便利，并为上述人员和展品运输车辆提供预约办理、随到随办、快速通关保障，大力支持服务琴澳文旅会展商贸产业发展。充分用好"琴澳旅游团"人员可以多次往返琴澳政策，推动降低客商来琴赴澳参与会展活动的成本，汇聚海内外多领域的重点产业代表，实现"来澳参会，住在横琴"。

（二）联合举办"高品会"

2022 年，首届中国（澳门）国际高品质消费博览会暨横琴世界湾区论坛在横琴、澳门联动举办，自此开创了"一会展两地"的创新模式，其中高端消费品展览部分在澳门举办，世界湾区论坛在横琴开展，目前已连续举办三届。琴澳以中国（澳门）国际高品质消费博览会为主线，汇聚了国内外优质企业和知名国际品牌，借助澳门国际平台和横琴政策优势打造“商贸 + 消费 + 产业”生态圈，为促进琴澳贸易发展、横琴高品质进口消费品交易中心建设注入新动力。

上图 / 下图：中国（澳门）国际高品质消费博览会暨横琴世界湾区论坛

（三）推出“一会展两地”品牌标志

琴澳联合推出“一会展两地”全新品牌标志“MICE² MACAO × HENGQIN 澳琴 · 会展”，用于澳门和横琴两地联合宣传推广及参加国内外会展，旨在更好地向外界展示琴澳会展平台优势，加强两地会展产业工作联动并形成产业发展合力。上线“澳琴会展”微信公众号，开设参展链接、活动日历及线上咨询等功能，便利用户第一时间获取琴澳各类会展咨询及相关服务。此外，澳门和横琴双方共组招商团队，安排人员相互培训，制定协作机制，共同在澳门及内地举办会展行业推介活动，联合参与国际性和区域性重要会展。

“一会展两地”标志

二、实践成效

（一）联动办展国际影响力不断扩大

“一会展两地”创新模式充分利用了澳门成熟的会展设施和国际化的服务经验，面向国际展示横琴发展成绩和琴澳融合发展成果，为合作区和内地企业亮相世界舞台提供助力。2022年、2023年两届中国（澳门）国际高品质消费博览会共吸引逾5万人次进场，超300家企业参展参会，吸引不少国内外客商来到现场参展采购。琴澳联合招商团队共同在澳门及内地举办多场会展行业推介活动，并共赴新加坡、泰国等地参与亚洲奖励旅游暨会议展等重要会展宣传，大幅提升了琴澳会展国际影响力。

2024 BEYOND 国际科技创新博览会

（二）琴澳会展业综合竞争力不断提高

琴澳以"一会展两地"形式多次组织会展交流活动，包括澳门会展合作推介交流会、粤澳餐饮业代表赴合作区商务洽谈、泛珠（大湾区）会展城市联盟赴合作区考察交流活动、港澳琴会展业考察交流会等，2023 年以"一会展两地"形式举办的展会活动约 14 个。通过中国（澳门）国际高品质消费博览会、BEYOND 国际科技创新博览会、澳门国际贸易投资展览会等重大会展活动的成功实践，"一会展两地"已成为琴澳会展合作的一张名片，进一步巩固和扩大了琴澳两地的会展影响力。

2024 年 5 月 22 日，“会展商务业界澳琴团进团出考察团”经横琴口岸进入澳门

澳门会展业界赴合作区交流活动

三、下一步工作思路

合作区将携手澳门，持续高规格举办中国（澳门）国际高品质消费博览会暨横琴世界湾区论坛，联合参与更多国际性和区域性重要会

展，共同竞投和申办国际性和区域性会展项目，扩展“澳琴会展”品牌魅力，通过“澳门展场 + 横琴秀场”，招揽更多国际会展项目以“一会展两地”模式落户琴澳，借会展平台引进更多国际品牌，进一步推动琴澳合作及产业发展。

第二届中国（澳门）国际高品质消费博览会暨横琴世界湾区论坛

（供稿单位：合作区经济发展局、珠海出入境边防检查总站）

首创多功能自由贸易账户体系

合作区多功能自由贸易账户（以下简称 EF 账户）是立足琴澳一体化战略定位，探索跨境资金自由流动，进一步支持澳门产业适度多元发展，便利澳门居民在合作区内生活就业的一项独特金融制度安排，是在现有自由贸易账户的基础上构建的规则统一的本外币账户。EF 账户遵循“一线放开、二线按照跨境管理、同名账户跨二线有限渗透”原则，可为符合条件的机构和个人提供跨境资金结算、汇兑、投融资等相关金融服务，为推动合作区金融市场率先高度开放创造有利条件。

一、主要做法

（一）特定开户主体

EF 账户的开户主体包含合作区内机构、境外机构以及境外个人、同业机构，根据面向的经营主体的类别，账户前缀标识分别为“EFE”（面向合作区内机构）、“EFN”（面向境外机构）、“EFF”（面向境外个人）、“EFU”（面向同业机构），针对不同的账户类别分设不同的开立条件要求。在开户主体上充分结合合作区发展需求与“四新”产业战略定位，一方面，强调开户企业在合作区实质性经营，即要求实际管理机构应设立在合作区，并对企业生产经营、人员、财务、财产等实施实质性全面管理和控制；另一方面，支持琴澳重点发展的产业，对于科技研发和高端制造产业、中医药等澳门品牌工业、文旅会展商贸产业、现代金融产业等符合合作区产业发展导向的区内机构，开户条件可以适当放宽。

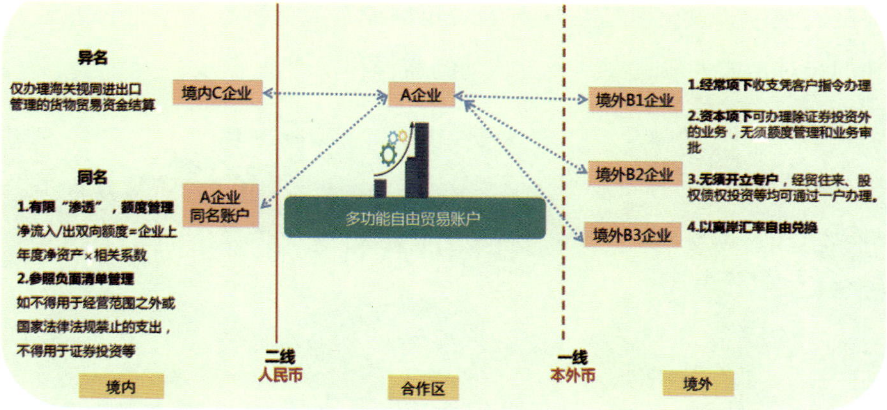

多功能自由贸易账户示意

（二）推动“跨一线”依法自由划转

EF账户与境外账户、OSA账户、NRA账户之间，以及EF账户之间“跨一线”可依法自由划转。合作区内企业使用EF账户与境外收支，凭收付款指令即可办理。同时开展证券投资以外的资本项下业务，不受投注差外债、全口径跨境融资、境外放款相关额度和审批限制，也无须到外汇管理部门开展前置业务登记、备案或开立专户。单笔等值5万美元以上的服务贸易、初次收入以及二次收入对外支付，允许合作区银行机构事后核验《服务贸易等项目对外支付税务备案表》。EFF账户“跨一线”同名划转，不纳入港澳居民同名账户汇入每人每日8万元人民币额度管理，凭收付款指令便能为境外个人提供薪酬汇划、就医、旅游等工作生活方面资金结算自由便利。

（三）实行“跨二线”同名有限渗透

EF账户与境内居民结算账户之间“跨二线”划转按照跨境交易管理，使用人民币进行。EFE账户与境内同名结算账户间汇划实行额度管理允许有限“渗透”，资金使用参照负面清单管理，同名“渗透”仅可使用人民币，且两个账户均应在合作区银行机构开立。同名划转有限“渗透”额度实行双向规模管理，目前宏观审慎调节参数暂定为1，流入杠杆率暂定为1，流出杠杆率暂定为1。中国人民银行广东省分行根据宏观形势变化，按程序对宏观审慎调节参数和杠杆率进行调整，并加强对相关大额、高频资金流动的监督和管理。

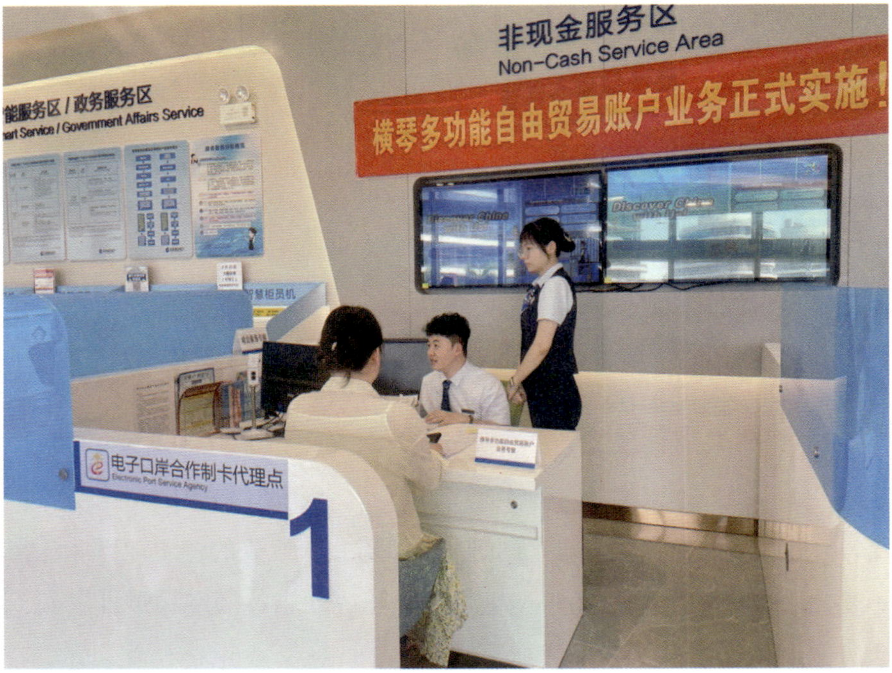

多功能自由贸易账户业务办理

二、实践成效

（一）跨境资金流动规则趋同澳门

EF账户在“跨一线”方面高度开放，为合作区打造了与澳门一体化的账户系统，实现跨境资金高度自由便利。EF账户体系作为推进创新跨境金融管理新举措，为合作区服务实体经济发展，推动贸易投资便利化，打造便利澳门居民生活就业的金融环境，推动合作区与澳门金融服务一体化提供了重要金融基础设施。截至2024年8月，合作区试点银行累计开立EF账户近170个，办理“跨一线”“跨二线”资金划转超 90 亿元。

（二）企业与境外个人跨境支付更加便利

合作区各市场主体对 EF 账户期盼已久，合作区已有 10 家试点银行可为企业及个人开办业务，客户类型涵盖高新技术、文旅会展、商务服务等多个行业和在合作区生活的澳门居民。EF 账户为在合作区内创业、就业、生活的澳门居民解决了工资汇回澳门要提供雇佣合同、完税证明等收入证明材料等问题，实现无须逐笔事前审核业务单证功能，满足境外人士多元化金融需求，为越来越多的澳门居民开启“双城”生活提供便利。

（三）跨境结算效率大幅提高

EF 账户实施比其他账户更加开放的跨境资金管理政策，有利于各市场主体享受灵活多样的跨境资金服务。市场主体开立 EF 账户后，凭支付指令即可完成跨境资金划转，手续简便、到账快，大大提高了资金流转的便利性和时效性，极大提升了结算和资金调拨的效率。已有区内企业通过 EF 账户办理境外放款业务；在取消了国家外汇管理局前置登记和开立境外放款专户环节后，企业可直接前往银行办理，大大提高了业务执行效率。

三、下一步工作思路

合作区将围绕促进澳门经济适度多元发展初心，配合中国人民银行积极推动更多符合条件的银行机构、企业、个人等参与 EF 账户试点工作，做好配套服务和业务风险防范，保障试点平稳有序开展。持续做好政策实施情况跟踪评估，调研了解银行、企业等主体的建议诉求，推动合作区金融改革创新和对外合作开放，服务实体经济发展、实现高水平贸易投资自由化便利化。

（供稿单位：合作区金融发展局）

建立粤澳跨境数据验证平台

粤澳跨境数据验证平台是为粤澳两地机构、居民提供高效跨境数据验证服务的数字化基础设施。该平台依托区块链不可篡改和可追溯的技术优势，在粤澳两地机构、居民办理境内外资产证明验证等业务时，可便捷、高效、安全地验证其在澳门侧资产信息的真实性，开创了跨境金融促进琴澳民生融合的新路径。

一、主要做法

（一）精准服务跨境数据验证

为解决粤澳两地居民、企业在生活就业、展业兴业中所衍生的数据验证问题，粤澳跨境数据验证平台首阶段以个人资信证明作为业务场景，通过提供高效的跨境数据验证服务，简化澳门居民在合作区办理相关业务流程。以某银行个人资产证明验证为例，澳门居民在该银行横琴分行申请信贷业务时，可使用该行手机银行获取个人在该银行澳门分支机构出具的资产证明，自行自主上传至该银行横琴分行。通过粤澳跨境数据验证平台的验证能力，该银行横琴分行即可确认澳门居民所提供的业务办理资料真实有效。

（二）推动数据验证真实可靠

粤澳跨境数据验证平台基于国产安全可控的开源平台开发，凭借区块链技术的不可篡改性和可追溯性，支持由个人自主携带数据跨境，在保护隐私的基础上实现数据要素的跨境核验，全业务流程平台仅留存“数据指纹”，不存储和收集任何用户信息，有助于保护数据安全和个人隐私，破解跨境数据流动难题。“粤信融”平台与粤澳跨境数据验证平台的合作对接模式，则进一步支持金融机构在“粤信融”平台中进行跨境核验，无须二次开发，有助于降低金融机构展业成本。

“琴澳资信通”业务办理

（三）促进多部门监管协同

粤澳跨境数据验证平台运营机构皆具备丰富的数据平台和跨境合规方面的经验。在研发前期，参与单位分工明确、聚智聚力，针对不同场景、不同业务和不同数据的合规要求进行了多轮的产品与技术合规研究。同时，在合作区金融发展局的协调推动下，平台运营机构积极与有关监管单位做了充分的沟通汇报，做到“不缺位、做到位、不越位”，确保平台在合规框架内稳健运行。

二、实践成效

（一）丰富琴澳跨境金融业务生态

自2022年起，粤澳跨境数据验证平台陆续上线了工商银行个人资产证明验证场景、建设银行个人资产证明验证场景、厦门国际银行和澳门国际银行的个人流水证明验证场景等应用场景。以上场景能有效解决同一银行境内外分支机构在办理个人金融业务时所衍生的个人资信材料跨境可信验证问题，提升了境内银行分支机构为澳门居民提供跨境个人信用贷款、信用卡等个人金融服务方面的效能。2023年平台上线了中国银行澳门分行企业资产证明、核数证明场景，有效解决企业办理业务中的材料可信验证需求，并降低企业办事时间成本。截至2024年9月，平台完成各类数据验证约200次，居民、企业申请验证材料累计超2000次。

（二）澳门居民办事便利性大幅提高

粤澳跨境数据验证平台落地，意味着搭建形成了澳门资产信息到境内金融机构的技术路径，不仅有利于实现粤澳共享信用信息，提高金融信息透明度，扩大金融机构对澳门居民的服务范围，还有利于降低澳门居民和企业办理相关业务的交易成本，减少了澳门居民在业务办理过程中来往琴澳及银行临柜的次数，提升了业务受理时效。

三、下一步工作思路

合作区将继续先行先试、创新突破，针对澳门居民打造更加全面的产品体系和全流程的金融服务体系，在辐射区域、业务场景、生态完善等方面进一步拓展粤澳跨境数据验证平台功能，在业务场景方面积极探索民生、商事、政务等领域应用，积极推动平台更深入地参与到大湾区数据跨境生态建设中，助推数据跨境更合规、更安全、更便利。

（供稿单位：合作区金融发展局）

琴澳联动发展现代金融产业

现代金融产业是琴澳两地政府均高度重视发展的主导产业之一。自合作区成立以来，坚持政府主导、深度联动，推出多项对澳金融产业发展政策，积极开展跨境金融业务创新，搭建琴澳金融交流平台，推动金融市场互联互通，已逐步构建起集多种细分金融类企业、传统金融机构和新兴金融业态共同发展的多层次金融服务体系。

一、主要做法

（一）强化琴澳金融市场政策支撑

出台《横琴粤澳深度合作区外商投资股权投资类企业试点办法（暂行）》，推动澳资合格境外有限合伙人（qualified foreign limited partner，QFLP）业务拓展，促进澳门资产管理业与合作区联动发展。出台《横琴粤澳深度合作区促进金融产业发展扶持办法》，通过落户扶持、增资扶持、经营扶持、跨境业务合作扶持、金融贡献扶持等方式，对澳资金融企业予以扶持。出台《横琴粤澳深度合作区促进中小微企业融资发展扶持办法》，将澳门银行机构、融资租赁公司对合作区中小微企业提供的融资纳入贴息范畴，为澳门金融机构拓展业务空间。出台《横琴粤澳深度合作区企业赴澳门发行债券专项扶持办法》，对合作区企业赴澳门发债提供最高550万元的扶持，降低合作区企业境外融资成本并助力澳门债券市场发展。

（二）联合推动区内机构赴澳展业

为及时解决机构赴澳门展业过程中可能遇到的问题，合作区金融发展局与澳门金融管理局建立便利区内私募机构赴澳门展业的专项工作机制，对经由合作区金融发展局筛选过符合条件的私募机构，澳门金融管理局按照简化的牌照处理及材料申报程序，对相关机构的展业申请予以快速审核。鼓励支持合作区内有实力的优质企业赴澳门设立融资租赁机构，通过搭建琴澳融资租赁双平台推动两地融资租赁业融合发展。推动横琴金融投资集团有限公司在澳门设立澳门金琴国际金融租赁股份有限公司，并于2023年10月开业揭牌，形成琴澳双租赁平台，打造出琴澳联动的跨境租赁模式。

澳门金琴国际金融租赁股份有限公司开业揭牌仪式

（三）搭建琴澳金融交流平台

政府层面，合作区金融发展局与澳门金融管理局成立跨境金融联合工作组，不定期召开工作会议，组织调研交流，推动琴澳两地跨境金融创新发展。合作区金融发展局与澳门金融管理局分别组织葡语国

家 / 地区保险监管专员协会（ASEL）保险监管人员、央行储备管理人员到合作区考察，共同探讨双方未来在经贸、金融领域合作的可行性。业界层面，合作区金融发展局和澳门金融管理局联合搭建跨境保险合作研讨会、银行业跨境合作研讨会等活动平台，推动澳门银行公会与合作区金融行业协会签署合作备忘录，促进两地金融资源互通、信息共享。

葡语国家 / 地区保险监管专员协会（ASEL）保险监管人员、央行储备管理人员到合作区考察

二、实践成效

（一）澳资金融机构与企业逐渐聚集

截至 2024 年 9 月，合作区澳资金融企业有 14 家，澳门国际银行横琴支行、大丰银行横琴支行等澳资优质金融机构纷纷落户。QFLP 引领作用逐步发挥，截至 2024 年 9 月，合作区累计存续 41 家企业取得 QFLP 试点资格（包括 22 家 QFLP 基金管理人、19 只 QFLP 基金产品），其中澳资企业达 20 家，合作区成立以来澳资试点企业数量增长超 1 倍。

（二）合作区内企业成功赴澳发债

2023 年 4 月，合作区企业首笔离岸人民币债券在澳门发行，珠海华发投资控股集团有限公司（以下简称华发投控）在澳门成功发行 5 亿元离岸人民币债券，并同步于澳门、卢森堡两地上市。该笔债券是澳门债券市场首笔以人民币计价的非金融类企业债券，也是合作区成立以来首家在澳门发行债券的区内企业，为合作区其他企业赴澳发债提供了参考经验。

华发投控在澳门成功发行离岸人民币债券

（三）实现区内机构赴澳门展业“从零到一”突破

为配合澳门私募基金业务发展，合作区金融发展局和澳门金融管理局通过制定措施，便利具备一定资质的私募基金管理公司落户澳门，推动合作区私募基金管理人广东红土创业投资管理有限公司，经由其实际控制人深圳市创新投资集团有限公司，向澳门金融管理局申请投资基金管理公司牌照。该申请已于 2024 年 3 月 22 日获澳门特别行政区行政长官批复，同意设立深创投（澳门）投资基金管理股份有限公司，标志着澳门第一家以私募股权投资为主营业务的投资基金管理公司正式成立。2023 年 2 月，珠光（珠海横琴）国际融资租赁有限公司分别与建设银行横琴分行、中信银行横琴分行成功落地两笔对珠光（澳门）金融租赁股份有限公司的资产跨境转让业务，实现澳门融资租赁公司在该业务领域“零”的突破。2023 年 3 月，横琴华通金融租赁有限公司与工商银行澳门分行完成租赁资产跨境转让，属国内金融租赁公司首单租赁资产跨境转让，标志着金融租赁公司与境外银行金融机构跨境转让渠道顺利打通，创新了合作区教育设施建设引入澳门资金的模式。2023 年 6 月，横琴金投国际融资租赁有限公司将相关租赁资产以福费廷的方式转让至澳门银行机构，进一步拓展了琴澳融资租赁资产跨境转让模式。

三、下一步工作思路

合作区将深化琴澳金融市场互联互通，通过琴澳双租赁平台积极探索琴澳联动的跨境租赁新模式，稳步扩大跨境资产转让范围和规模，开展“跨境理财通”业务试点，推进“琴澳基金通”，联动澳门高质量发展债券市场、财富管理、融资租赁、绿色金融等现代金融产业，推动合作区优质企业赴澳门发行债券、设立公私募基金及融资租赁机构。强化琴澳金融业发展与监管的信息互通和工作协同，支持符合条件的澳门机构赴合作区设立银行保险机构、QFLP 等资产管理机构。

（供稿单位：合作区金融发展局）

推出“双15%”所得税政策措施

合作区企业所得税和个人所得税15%优惠政策（以下简称“双15%”政策）与澳门居民个人所得税优惠政策是中共中央、国务院赋予合作区的重要税收政策，也是推动合作区与澳门所得税制度衔接、促进琴澳一体化高水平开放的基石政策。合作区通过细化政策落实、强化政策兑现服务、强化系统支撑，保障符合条件的人员、企业应享尽享优惠政策，以红利精准释放有效吸引创新发展要素汇聚，把独特优势转化为聚才优势和发展强势，助力琴澳一体化发展。

一、主要做法

（一）企业所得税目录“扩围提质”

优惠目录立足粤澳资源禀赋和发展基础，聚焦科教研发和高端制造、澳门品牌工业、文旅会展商贸、现代金融四大产业，将原横琴新区优惠目录6大类80个细分行业扩大到9大类150个细分行业，体现合作区产业发展与澳门现有产业基础和创新优势的衔接互补。同时，将主营业务收入占收入总额的要求从70%以上降低为60%以上，对企业资本性支出允许一次性税前扣除，对从事旅游业、现代服务业、高新技术产业三大领域的企业在境外直接投资的收益免征企业所得税，鼓励合作区企业“走出去”，受惠企业的门槛进一步降低，范围进一步扩大。

（二）个人所得税政策“提效增量”

《横琴方案》提出的“对在合作区工作的境内外高端人才和紧缺人才，其个人所得税负超过 15% 的部分予以免征”，受益群体由境外人才拓展到境内外人才，优惠范围更加广泛。优惠方式由差额补贴调整为直接免征，纳税人享受政策更加便捷。将从事于《横琴粤澳深度合作区鼓励类产业目录》所列产业领域作为享受个人所得税优惠政策的前置条件之一，有利于提升合作区招才引智的吸引力，特别是加快集聚四大产业高端和紧缺人才，以人才集聚，引领和支撑产业更好更快发展。

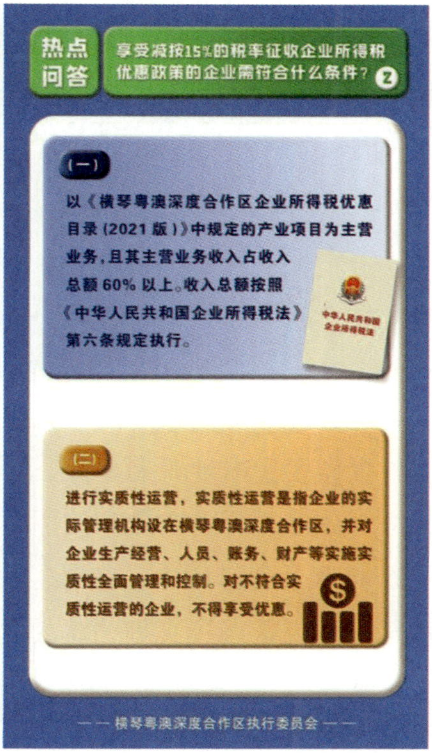

合作区税务局通过微信公众号等多种途径进行政策宣传辅导

（三）精细精准服务“加快兑现”

出台《关于横琴粤澳深度合作区符合条件的产业企业实质性运营

有关问题的公告》，明确实质性运营有关要求，稳定市场主体发展预期。针对合作区澳门居民退税人群较分散、临时性劳务报酬情形较普遍、小额退税人数占比较高等特点，进一步精细化分级分类服务模式，推出澳门居民优惠减免测算套餐式便捷办理，帮助税收居民实现“小额退税”一键退、非税收居民“小额退税”简易退，“重点退税”实行“一人一册”专人辅导，持续提升优惠政策落实质效和充分释放政策红利效应。提供个人所得税 App 端、自然人电子税务局网页端、V-Tax 等线上办理渠道，便利高端和紧缺人才申报享惠。优化系统功能设置，推动国家税务总局优化申报表单设计，完善合作区企业所得税优惠政策享惠填报栏目；提供个人信息、涉税金额等预填报以及减免事项正列举自助选择服务，有效提升纳税人的享惠体验感和获得感。加强政策解读和操作辅导，编制享惠热点问答，帮助解决办理享惠中的疑难问题，为澳资企业落户提供全过程“点对点”辅导服务。

二、实践成效

（一）琴澳所得税负逐步趋同

“双 15%”政策和澳门居民个人所得税优惠政策的落地，推动了合作区在内地税制框架下初步实现对澳衔接对接。在合作区的符合条件的产业企业和境内外高端紧缺人才享受内地税制所得税的 15% 最优惠税率，在所得税负上极大缩小与澳门的差距；对澳门居民更是直接实行“澳人澳税”，驻琴澳门居民整体税负下降七成。

合作区澳门居民个人所得税优惠政策介绍

（二）一体化发展持续加速

澳人澳企精准享惠，对更多澳资进入合作区投资兴业有正面促进作用。2023 年规模以上澳资企业营业收入 208.85 亿元，同比增长 35.7%。截至 2024 年 9 月，澳资企业总量超 6400 户，较合作区挂牌前增长 38.34%；在合作区生活居住的澳门居民超 2 万人，在合作区就业的澳门居民近 5000 人，合作区成为国内澳资企业和澳门居民集聚程度最高的区域。

（三）产业基础不断夯实

政策红利精准释放，推动合作区产业发展日益繁荣、战略地位不断提升。合作区“四新”产业实有企业 1.7 万户，同比增长 5.3%。2024 年前三季度，合作区实现地区生产总值 373.49 亿元，同比增长 7.1%；“四新”产业增加值完成 183.07 亿元，占合作区地区生产总值比重的 49%，持续孕育产业发展“新动能”。

三、下一步工作思路

合作区将强化协同，持续加大政策宣传辅导力度，引导符合条件的人才、企业享受优惠政策，以政策红利精准释放推动经营主体在合作区扩大生产经营规模，推动形成产业链、人才链、创新链融合发展的良好局面，进一步服务澳门产业多元发展。

（供稿单位：合作区税务局）

创新琴澳协同引才模式

人才是第一资源。近年来，合作区突出琴澳协同、面向国际目标，推动人才政策先行、搭建高水平人才发展载体、创新协同引才机制、优化人才服务和发展环境，聚天下英才而用之，初步形成了支撑合作区四大产业发展的人才“引育留用”新模式。

一、主要做法

（一）政策协同，引聚人才

合作区主动衔接澳门特别行政区有关法律制度，对按照澳门特别行政区《人才引进法律制度》引进“高端人才”和“优秀人才”到澳门和合作区工作的相关用人单位，每年最高补贴300万元。对引进的“高端人才”和“优秀人才”，达到生活和工作时间要求可申请认定为合作区高层次人才，享受税收优惠、生活补贴、项目支持及其他服务保障。合作区支持用人单位通过短期服务、顾问咨询等方式柔性使用国际人才智力资源，开展技术研发、成果转化等创新活动，对柔性引进国际高层次人才来合作区或者澳门工作的用人单位按实际支付计税劳务报酬的30%给予最高200万元引才补贴。打造趋同澳门的低税负环境，根据《财政部　税务总局关于横琴粤澳深度合作区个人所得税优惠政策的通知》《横琴粤澳深度合作区享受个人所得税优惠政策高端和紧缺人才清单管理暂行办法》，对合作区纳入清单管理的境内外高端人才和紧缺人才，其来源于合作区的综合所得、经营所得、经地方政府认定的人才补贴性所得的个人所得税负超过 15% 的部分予以免征；对在合作区工作的澳门居民，其个人所得税负超过澳门税负的部分予以免征。

（二）共建平台，育用人才

合作区鼓励建设研发中心、高端孵化基地等离岸创新平台，服务和支持海外人才前来创新创业，对符合条件的单位给予最高 500 万元奖励。与澳门大学、澳门科技大学共建产学研基地，引进设立四家国家重点实验室横琴分部，为高科技创新人才与产业发展人才提供科研空间。出台促进澳门青年创新创业办法，推动建设“硬件一流、服务一流”的创新创业基地，持续开展澳门青年专项实习计划，支持澳门青年在合作区创业就业。打造联合培养平台，支持重点产业领域在职青年“不脱产、不离岗”提升学历继续深造，对报读澳门高校集成电路、生物医药、人工智能等专业领域并取得博士学位的在职青年，按总学费金额的 30% 给予补贴，最高 15 万元；支持用人单位设立院士工作站、博士后工作站、博士工作站等，对在合作区博士后设站单位指导的澳门高校博士后合作导师、短期派驻到合作区开展科研或成果转化的澳门高校博士后和博士，分别按标准给予生活补贴。

智荟横琴赋能大湾区高质量发展——琴珠澳博士后学术交流活动

（三）优化服务，留住人才

组建合作区企业及人才服务中心，搭建“一站式”人才服务平台，为海内外人才提供对接政府、对接资本、对接市场、政策咨询、场地安排、企业注册、人才招聘等高效优质的“保姆式”服务。全面强化人才公共配套服务，高标准建设横琴中小学、幼儿园，引进哈罗公学、容闳学校等国际学校，优先保障高层次人才和紧缺人才子女入读需求。构建多层次住房保障体系，建设横琴高级人才公寓、创意谷配套人才公寓等，为各类人才提供公共租赁住房、保障性租赁住房。引进优质医疗资源，推动广州医科大学附属第一医院横琴医院高水平建设国家区域医疗中心，支持澳门医疗服务提供者在合作区设立医院、诊所等专业医疗机构。合作区不断完善外国人才签证政策，推动外籍和港澳台高层次人才认定、外国人来华工作许可下放，面向符合条件的人才开设“常旅客”通道，给予国际高端人才进出横琴高度便利。

在横琴·澳门青年创业谷举行横琴粤澳深度合作区经济发展局主办的第 89 期高层次人才交流会暨“周五红茶会”活动

二、实践成效

（一）人才高地建设有序推进

合作区人才新政自2024年3月印发以来，高层次人才首批申报人数近80人，其中科技类人才占比80%。引进学历型、专业技术和技能人才申报人数1.6万人。在累计引进院士、国家级人才计划入选者等各类高层次领军人才超过120名的基础上，合作区高端人才进一步加速集聚。

（二）拓展澳门人才创新创业空间

合作区落地各类国家级、省级科技创新平台27家，博士后设站单位36家，认定横琴·澳门青年创业谷等6家港澳青年创新创业基地，澳门青创企业在园数量超300家。截至2024年9月，在合作区就业生活居住的澳门居民达2万人，其中就业人数超过5000人。

（三）支撑“四新”产业发展作用初步显现

合作区个人所得税优惠政策、人才引进政策紧扣“四新”产业发展需求，同时依托澳门特色优势资源和专业服务经验，引进的产业人才有力推动琴澳两地重点产业深度融合，有助于澳门打破经济发展“瓶颈”，开拓更广阔的市场，进一步提升琴澳两地产业竞争力。

三、下一步工作思路

合作区将聚焦服务澳门经济适度多元化发展，进一步加强琴澳两地政策衔接和协同引才工作，围绕澳门“1+4”多元发展策略和合作区“四新”产业，定向集聚各类高端人才和紧缺人才，探索创新开展海外人才“前置审批、落地执行”模式，加快打通海外人才“居住在澳门、工作在横琴”“科研在澳门、转化在横琴”引才路径，构建国际化人才发展环境，吸引集聚更多优秀人才建设合作区。

（供稿单位：合作区经济发展局、合作区民生事务局）

以投促引带动琴澳产业协同发展

为充分发挥市场对资源配置的作用和财政资金引导放大作用，合作区2023年8月设立规模为100亿元人民币的横琴粤澳深度合作区产业投资基金（有限合伙）（以下简称引导基金），并由中国领先的私募投资管理机构中金资本担任基金管理人。通过“子基金投资+重点项目直投”，打造“引导基金+区属国企”投资矩阵等方式，为打造琴澳特色产业集群、进一步提高琴澳产业协同发展提供有力支撑。

一、主要做法

（一）聚焦“四新”产业，构建产投体系

引导基金始终坚持市场化运作、科学决策、防范风险等原则，紧紧围绕琴澳产业发展需求，通过“子基金投资+重点项目直投”等方式，重点聚焦大健康、高新技术、会展商贸和文化体育等核心领域，使社会资本投资于琴澳经济社会发展的重点领域和薄弱环节，并根据各领域产业发展特点有针对性地制定招引措施，有效拉动上下游企业聚集，聚力打造成熟完整的产业集群。在大健康领域，引导基金聚焦医疗服务，打造具有高水平、跨区域吸引力的国际医疗服务综合体；在高新技术领域则重点围绕半导体领域设计设备及数字经济领域网络安全、人工智能行业，推动与行业龙头合作并购，打造琴澳高新技术产业“共生”生态；在会展商贸和文化体育领域则依托澳门文娱产业优势，通过子

基金合作模式推动一批动漫、娱乐、会展产业知名品牌落地合作区，并着力培育跨境电商品牌运营商和服务商外贸新动能。

（二）引导落地企业加强对澳联动

修订《横琴粤澳深度合作区政府投资基金管理办法》《横琴粤澳深度合作区天使投资基金管理办法》，将引导基金返投项目落地范围及天使基金投资项目的注册范围由“合作区”扩大至“合作区或澳门”。引导以“开心麻花”为代表的落地企业加强与澳门联动，雇用澳门居民，切实服务澳门；推动拟投企业“凌烟阁”为澳门居民开办半导体产业培训班，吸纳澳门青年赴合作区生活就业。推动引导基金与澳门高校开展产学研联动，已与以澳门大学为代表的诸多澳门高校探讨项目孵化及天使基金投资方案，构建长期合作机制。积极推动已投落地企业与澳门高校建立联合实验室，鼓励创新推动产学研合作模式，扶持澳门产业多元化发展。政府投资基金还联合各方力量，通过举办澳琴创投峰会、跨境出海峰会等会议互动，充分利用引导基金管理人中金资本及子基金平台在行业论坛、峰会中推介琴澳，提升琴澳协同招商知名度。

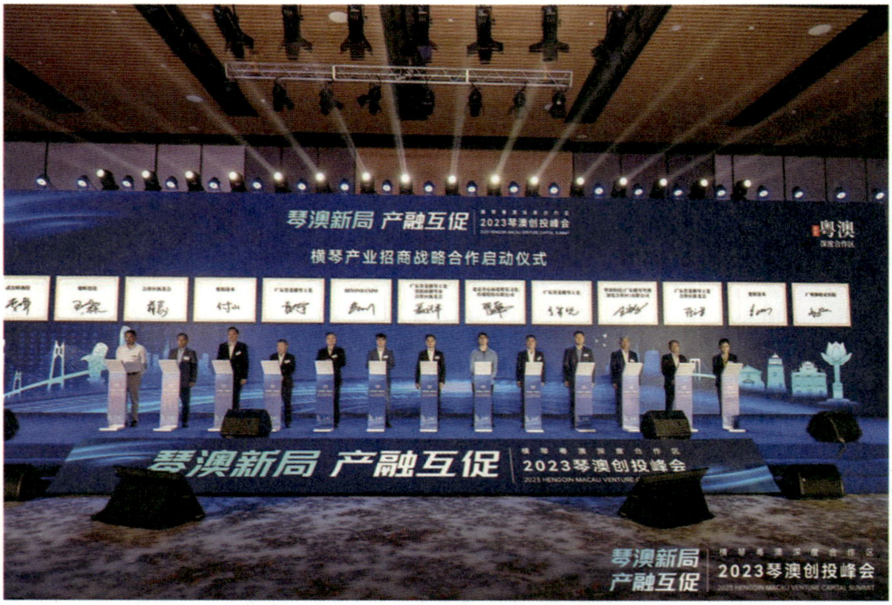

2023琴澳创投峰会——横琴产业招商战略合作启动仪式

（三）打造“引导基金＋区属国企”投资矩阵

充分发挥横琴深合投资有限公司（以下简称深合公司）作为区属国企投融资平台的作用，推动与引导基金形成“左右手”协同招商模式，推动国有资本向重点领域和关键环节集中，双管齐下赋能产业建设。一方面，深合公司通过招商引资、项目合作等方式，在产业协同、促进要素流动、培育营商环境等领域积极对接澳门，成功引进一批优质企业和项目落地合作区，有效促进产业集群发展。另一方面，深合公司深度参与合作区实体经济，通过建设琴澳创新产业园（大健康园区），为合作区新增约40万平方米高质量生产制造空间，不断增强合作区经济内生动力。同时，深合公司瞄准澳人澳企服务，深化与澳门高校、机构合作，与引导基金高效配合，协助引导基金为各产业项目提供政策宣讲及落地对接，支持澳门青年创业就业等配套服务，有效推动琴澳一体化发展。

二、实践成效

（一）有效推动合作区“四新”产业发展

引导基金围绕澳门“1+4”适度多元发展核心领域及合作区“四新”产业发展需求，通过项目直投及子基金招引等方式，已累计对接490多只子基金、超300家企业，并已完成9只子基金及9个直投项目的投资，合计推动51家企业落地合作区，其中子基金管理人皆为国内头部市场化投资机构，直投项目主要为国家级专精特新小巨人企业及细分领域龙头企业，思派科技、芯联集成、商汤科技、华封科技等多家知名上市企业及细分领域技术领先、行业龙头企业已落户合作区，有效增强了合作区产业内生发展动能。

（二）有效支撑澳人、澳资、澳企发展

引导基金首个投资项目即为澳资项目真健康（全国领先的医疗手术机器人公司），并于近期完成澳门青年创业项目极视角（专注于人

工智能与计算机视觉的国家级专精特新小巨人企业）签约投资；积极引导宜奥家具（全球前三软体家具生产制造企业）、澳门新大陆（国内跨境物联网技术领先企业）等合作区内外优质澳人、澳资、澳企落地合作区，并持续服务迪奇生物、纳金科技、普强科技、融贯国际等具有澳门元素的企业在合作区经营发展，为澳人、澳资、澳企进一步做大做强提供有力支撑。

（三）有效深化琴澳产业协同发展

合作区通过积极鼓励引导基金落地企业加强与澳门联动，包括联同“开心麻花”以“一节两地”的创新模式，在澳门、横琴两地成功举办第一届澳门国际喜剧节，并逐步开展澳门业务。组织已落地企业面向澳门高校定期召开招聘会，接洽正式员工和实习生招聘，有效解决澳门高校学生的就业诉求，切实服务澳门，为琴澳科技创新生态培养一批有生力量。目前，合作区政府引导基金合计协助 52 家子基金管理人、151 个项目考察澳门及合作区，并与合作区执行委员会（以下简称执委会）各部门建立完善合作机制，为企业落地提供全方位赋能服务。

上图 / 下图：2024 年深合公司冠名合办澳门国际喜剧节

三、下一步工作思路

合作区政府引导基金将持续做好投资招引工作，以子基金投资为主，直投为辅，通过子基金投资及重点企业直投扶持，加速招引优质企业落地琴澳，逐步释放引导基金投资招引势能。同时，还将进一步做好企业落地服务工作，落实实质经营要求，协调解决落地企业需求，增强落地企业的获得感、幸福感，引导并推动落地企业自发为琴澳招引优质企业，宣传琴澳政策，加快形成“以商招商”的积极态势。

（供稿单位：合作区财政局）

构建支持澳门经济适度多元发展的土地供应模式

为落实《横琴方案》新出让建设用地应直接服务于支持澳门经济适度多元发展的有关要求，合作区坚持集约高效、长远发展原则，衔接澳门土地管理制度，通过推出特色国有土地供应管理办法，健全国有土地供应体系，丰富土地供应方式，优化土地供应规则，逐步走出一条以土地要素精准配置和高效利用促进合作区“四新”产业增量提质的新路子。

一、主要做法

（一）创新产业用地“精准出让”

出台《横琴粤澳深度合作区国有土地供应管理办法》（以下简称《合作区国有土地管理办法》），明确国有土地使用权出让条件和供后管理要求，规定产业项目用地须设置明确的竞买准入资格要求，合作区新出让产业用地，应当直接服务于支持澳门经济适度多元发展，原则上可以优先考虑在澳门注册成立的企业，以“精准出让”模式确保合作区土地供给全方位服务澳门经济适度多元发展，进而吸引更多澳门企业参与合作区开发建设。

（二）推动涉澳青年创业就业用地“精准划拨”

《合作区国有土地管理办法》在国家《划拨用地目录》外特别增

加三类可划拨用地情形，包括合作区全额财政投资建设的非营利性涉澳青年创新创业平台、只租不售标准厂房和人才住房、公共租赁住房等居住保障项目用地，从就业和居住两个维度支持涉澳青年在合作区扎根。“精准划拨”不仅在土地供应结构上优先保障涉澳青年就业创业和生活服务配套项目用地需求，并且在土地供应价格和供应标准上显著降低相关项目前期成本、提升项目落地效率。

（三）推动急需公共设施用地“临时批给”参考澳门“临时批给”供地方式

《合作区国有土地管理办法》创新设立国有土地使用权短期利用供地方式，对合作区有关职能部门全额财政投资建设的应急或短期急需公共服务设施用地，在符合规定条件的情况下，交由土地使用人短期利用，期满后视情况申请延期或恢复土地原状。一方面，“临时批给”有利于加快公共服务设施建设速度、降低建设成本，为澳门居民在合作区生产生活提供更大便利。另一方面，“临时批给”通过设置前置条件及短期用地建设和产权要求，保证项目用地封闭运行、结果可控，在提升土地利用效率的同时不会对合作区远期规划、建设项目用地安排造成影响。

二、实践成效

（一）澳门品牌工业用地精准供给初见成效

2024 年 6 月，合作区挂牌成立以来首个出让的生产型用地完成竞拍，竞得者为横琴琴澳创新产业园开发建设有限公司，项目建设完成后将为合作区新增约 40 万平方米高品质生产制造空间，主要用于承载澳门品牌扩产升级、保健品、食品、生物医药、医疗器械等产业，将推动澳门品牌工业聚集发展，打造“分线管理”“加工增值 30% 免关税政策”等制度优势和“澳门注册 + 横琴生产”品牌效应的最佳应用场景。

（二）精准设置出让条件，助力澳人子女中学加快建设

为完善“澳门新街坊”教育服务配套，合作区城市规划和建设局

根据《合作区国有土地管理办法》，于2024年1月以协议出让方式向澳资企业供给2公顷教育科研用地，用于新街坊中学建设。根据用地出让的建设运营要求，学校由澳门特别行政区政府指定的、在澳门运营澳门学制的办学实体参与设计及建设，为"澳门新街坊"居民子女享受一贯制澳门模式教育保驾护航。

澳门新街坊中学（澳人子女学校）

（三）划拨用地促进保障性租赁住房快速落地

根据合作区2024年国有建设用地供应计划，通过划拨、出让用地两种方式，合作区全年将供应26宗地，总面积超过100万平方米。其中，划拨用地共16宗，除道路交通设施等常规划拨用地类型外，还包括一宗二类居住用地，用于合作区彩棠苑保障性租赁住房项目建设，将为合作区就业创业青年提供超3000套保障性租赁住房，助力构建多层次住房供应体系。

三、下一步工作思路

合作区将加快完善《合作区国有土地管理办法》配套文件，围绕粤澳深度融合、精准供应、节约集约及全生命周期管理原则，用好精准供给、精准划拨和临时批给等土地创新供应方式，重点加强工业用地和公共服务设施用地供给保障，建立与“四新”产业发展需求相契合的土地供应模式，加快丰富支撑澳门居民生活就业新家园的公共服务供给，以土地高效供应推动合作区经济稳步发展、琴澳一体城市空间格局加快成型。

（供稿单位：合作区城市规划和建设局）

构建琴澳一体全球推介新机制

开展全球推介是面向世界展示琴澳一体发展、讲好琴澳合作故事、汇聚全球资源要素的重要方式。合作区与澳门探索构建全方位深度联动的全球推介招商机制，通过“组团出海”推介、共办全球招商大会、打造形象标识等举措，形成“1+1 ＞ 2”琴澳协同全球推介新局面，积极拓展全球“朋友圈”，在扩大开放中与世界共享新机遇。

一、主要做法

（一）携手走向全球推介

基于澳门“1+4”产业适度多元发展及合作区“四新”产业发展需求，合作区与澳门共同策划实施，连续两年开展全球招商推介系列活动，组建联合招商代表团，南下东南亚、远赴欧美、出访非洲，高频次高密度组织开展海外招商推介、企业拜访配对等活动。在全球推介中，琴澳以“澳门平台 + 国际资源 + 横琴空间 + 成果共享”为主基调，积极展示琴澳融合发展的叠加优势，用心用情推介琴澳优越的投资发展环境，释放琴澳一体、拥抱世界的积极信号，也向全球投资者伸出创业发展的“橄榄枝”。

（二）搭建招商推介平台

合作区在携手澳门“走出去”推介的同时，在“家门口”举办全球招商推介大会，与澳门合作向全球广发“英雄帖”，将海内外优质企业“请进来”。构建全球合作伙伴体系，面向全球行业领导地位的企业和机构，聘任“全球招商合伙人”“全球招商大使”。特设“横琴推介官”和“横琴代言人”，邀请琴澳两地产业、学界和企业家代表为横琴代言发声，从共赢发展的视角向全球推介琴澳融合发展的新机遇、新优势。

2024“与澳共舞　琴声澎湃”合作区全球招商推介会

（三）塑造推广主题形象

为增强琴澳一体推介的生动性，合作区推出“与澳共舞　琴声澎湃”

作为2024年全球招商推介主题，并精心设计年度推广主题形象。主题形象设计以“与澳共舞 琴声澎湃”中英文字符为核心，以四色飘带为意象，象征合作区“四新”产业蓬勃发展与澳门“1+4”适度多元发展策略高度协同，生动呈现“琴澳一体化”的澎湃发展动力。横琴2024年度招商推广形象在北京、上海、广州、深圳、澳门、珠海等城市的机场及横琴口岸、港珠澳大桥珠海公路口岸上刊。

二、实践成效

（一）拓宽了国际交流合作“朋友圈”

自2023年起，琴澳联合招商代表团先后赴新加坡、马来西亚、印度尼西亚、西班牙、葡萄牙、巴西、中国香港等国家和地区开展24场招商对接活动。在琴澳系列全球推介活动引领下，合作区已先后接待来自葡语国家、新加坡、马来西亚、澳大利亚等十几个国家和地区的交流考察团20余批次。2023年、2024年两次全球招商推介大会，吸引了来自法国、葡萄牙、加拿大、日本、巴西、新加坡、澳大利亚等70多个国家及地区超过1400位客商、投资者参加。不管是“走出去”全球推介，还是“家门口”的招商引资，都充分宣传了横琴合作区和琴澳一体化，让外界增进了对琴澳的了解和认识，也为琴澳进一步拓展深化与世界的经贸往来增添了动力。

（二）提升琴澳的国际形象和知名度

通过积极“走出去”开展全球推介，先后对接数以百计的各国企业，组织了上百场企业洽谈配对，让各国客商对来琴澳投资发展满怀期待。通过举办全球招商推介大会，吸引全球投资者来合作区参观考察，实地感受合作区的投资环境和发展活力，对琴澳发展更有信心。通过年度推广形象，琴澳活力形象深入人心，上刊广告预计2024年覆盖超1.56亿人次，有关宣传报道共投放500家国内媒体、495家英语和葡语国际媒体，累计曝光5800万次，成功打开横琴全球招商推广门户。

三、下一步工作思路

合作区将与澳门进一步深化合作，优化琴澳一体全球推介机制，持续做好“组团出海”推介活动，积极创新全球推介方式、模式，高质量举办全球招商大会，不断拓展全球推介的范围和渠道，以琴澳一体化发展的更大优势，向海内外投资者展现合作区的经济活力、创新动力、区域魅力和投资潜力。

（供稿单位：合作区经济发展局）

新家园篇

促进“澳门新街坊”社会公共服务软联通

“澳门新街坊”综合社区是建设便利澳门居民生活就业新家园的重要载体。在中央部委和粤澳成员有关单位的指导支持下，合作区聚焦澳门居民在教育、医疗等方面的实际需求，推动公共服务和社会保障体系与澳门有序衔接，实现民生服务软联通和一体化发展格局初步建立，有效拓展了澳门居民的优质生活空间。

“澳门新街坊”项目

一、主要做法

（一）推动使用指定澳门药品

参照澳门卫生中心标准与模式，在“澳门新街坊”开设卫生站，落地实施“琴澳药品通”政策，推动卫生站使用在澳门已上市的部分药品，为“澳门新街坊”的澳门居民提供趋同澳门的药事服务。2024年4月，经广东省药品监督管理局审核同意，首批供合作区指定医疗机构使用的药物清单获批，其中可供“澳门新街坊”卫生站使用的基本药物共有296种，包括用于治疗常见心血管疾病、呼吸道疾病、代谢疾病、皮肤病、肠胃病及感染症等药物。

（二）推动澳门教育福利延伸

琴澳联动设立濠江中学附属横琴学校（澳人子女学校），主要面向澳门居民招生，采用澳门学制、课程及教材，由具备相关资质的老师授课。“澳门新街坊”学校澳门居民学生享有参照在澳门就读学生的相应福利措施，以及获得等同的升学保送安排。

（三）推动接收境外电视频道

为便利“澳门新街坊”的澳门居民收看澳门电视节目，在中宣部、中央港澳办、澳门中联办、国家广电总局、广东省广电局等单位大力支持下，合作区在“澳门新街坊”创新实施接收卫星传送的境外电视节目，便利“澳门新街坊”居民收看澳视澳门频道，并可根据需求购买卫星传送的境外电视节目（27个频道），实现趋同澳门的电视广播环境。

（四）提供趋同澳门的物业服务

合作区联合珠澳有关方面，建立澳门居民涉澳房屋拥有情况互认机制，明确“澳门新街坊”购房资格审核细则，推动实现不动产交易、缴税、登记“一窗办理”，为澳门居民提供一站式购房服务。合作区城市规划和建设局印发《关于进一步便利澳资物业服务企业及澳门物业管理专业人员参与合作区物业服务经营活动的通知（试行）》，目前已成功备案澳资物业服务企业3家，澳门物业管理专业人员12人次。“澳门新街坊”物业服务企业在项目内专设粤语工作人员、国粤双语服务热线、繁体字引导标识，并将小区门禁功能融入到“澳门通”卡中，为澳门居民提供趋同澳门的居住生活服务。

“澳门新街坊”物业服务

二、实践成效

（一）为深化粤港澳大湾区机制标准“软联通”提供经验示范

合作区为促进“澳门新街坊”社会公共服务与澳门“软联通”所做的各项工作，不仅为澳门居民在内地工作、学习、生活提供了便利和保障，还为深化粤港澳大湾区机制标准“软联通”提供经验示范，有利于助推粤港澳大湾区规则衔接机制对接方面取得更多实质性突破。

（二）初步形成澳门居民的优质生活圈

将澳门医疗、教育等福利跨境延伸至“澳门新街坊”，便利“澳门新街坊”的澳门居民在家门口即可享受趋同澳门的教育、医疗、物业服务等公共服务，营造澳门居民熟悉的生活居住环境，促进“澳门新街坊”的澳门居民安居乐居，助推更多澳门居民进入合作区，促进两地民心相融，推进琴澳一体化发展。

三、下一步工作思路

合作区将进一步完善“澳门新街坊”社会民生服务体系，将更多澳门社会公共服务标准衔接延伸至合作区，推动合作区深度对接澳门公共服务和社会保障体系，为“澳门新街坊”的澳门居民提供趋同澳门的福利待遇，营造趋同澳门的宜居生活环境。

（供稿单位：合作区民生事务局、合作区商事服务局、合作区城市规划和建设局、广东省政府横琴办党建工作处）

打通琴澳社会组织融合发展新路径

推动琴澳社会组织服务融合是落实《横琴粤澳深度合作区总体发展规划》、强化社会治理与服务合作的重点任务。为彰显澳门社会组织在服务琴澳一体化发展中的特殊作用，经民政部、中央港澳办同意，在粤澳成员单位支持指导下，合作区率先探索澳门社会组织管理制度改革，允许中国籍澳门居民担任社会组织负责人，支持爱国爱澳的澳门社会组织参与公共服务事业，打造与澳门“无差别”的公共服务环境。

一、主要做法

（一）创新涉澳社会组织管理制度

《横琴粤澳深度合作区发展促进条例》规定，中国籍澳门居民可以按照国家规定担任合作区社会组织成员或者负责人。《横琴粤澳深度合作区总体发展规划》明确，允许中国籍澳门居民担任合作区社会组织负责人。《关于广东省政府横琴办成为境外非政府组织在粤活动业务主管单位的公告》明确，澳门社会组织在合作区的业务主管单位为广东省政府横琴办。系列创新制度安排在社会组织登记领域放宽对社会组织成员的身份限制，为合作区澳门社会组织管理制度的创新提供多层支持保障。

（二）规范审批核查程序

制定印发《广东省人民政府横琴粤澳深度合作区工作办公室担任澳门非政府组织业务主管单位审核暂行办法》《澳门非政府组织在横

琴粤澳深度合作区活动领域和项目目录、行业主管单位名录》，对澳门社会组织进入合作区后的主管单位、申请流程及文件、管理监督要求等进行细化，通过核查活动计划、年度报告等方式建立规范的审批管理机制。同时，在确保相关政策落地后，主动与澳门中联办、国安、公安等部门建立了联动核查制度，切实做好担任合作区社会组织成员或负责人的澳门居民及澳门社会组织的审查工作。

关于广东省政府横琴办成为境外非政府组织在粤活动业务主管单位的公告

根据《中华人民共和国境外非政府组织境内活动管理法》第六条规定，广东省公安厅已同意吸纳广东省人民政府横琴粤澳深度合作区工作办公室（简称：广东省政府横琴办）为境外非政府组织在粤活动的业务主管单位，列入《境外非政府组织在粤活动领域和项目目录、业务主管单位名录》，涉及的领域：其他；子领域：经济、民生、文化等；主要项目：境外非政府组织在横琴粤澳深度合作区及境内其他地区交流与合作。

特此公告。

广东省公安厅境外非政府组织管理办公室

2023年6月7日

《关于广东省政府横琴办成为境外非政府组织在粤活动业务主管单位的公告》

（三）支持澳门社会组织有序参与公共服务

支持澳门街坊总会、工联总会、妇联总会、中华总商会等代表性社团进入合作区设立办事处或综合服务中心，通过政府直接购买服务、与内地专业型民办非企业单位签订协议、向内地具体承担服务项目的机构提供督导与培训服务等方式，将具有澳门标准的社会服务引入横琴，为合作区的琴澳居民提供集家庭服务、养老服务、志愿服务等于一体的社区服务，同时开展相应的社工培训，吸引更多的澳门居民到合作区就业创业、生活学习，促进两地民生服务有效对接。

二、实践成效

（一）实现了社会组织管理制度改革的重要突破

系列相关政策文件的出台，解决了澳门居民无法发起或加入合作区社会组织担任成员或负责人的问题，是我国在社会组织管理制度改革创新方面取得的重要突破，也是合作区促进与澳门民生融合、与社会组织管理衔接的又一重要创新成果。政策落地以来，合作区登记成立了 13 家由中国籍澳门居民担任成员或负责人的社会组织，共有 35 名澳门居民加入合作区社会组织，其中 10 家社会组织由 18 名澳门居民担任负责人。

第一批澳门居民担任负责人的社会组织——合作区会议展览业协会成立暨第一届理监事会就职典礼

（二）进一步便利澳门社会组织进入合作区

广东省公安厅批复同意广东省政府横琴办成为澳门社会组织在粤活动业务主管单位后，打通了爱国爱澳的澳门相关组织进入合作区发展的渠道，为爱国爱澳的澳门社会组织主动参与合作区建设、服务琴澳一体化发展提供便利条件。截至 2024 年 9 月，共有 5 家澳门社会组织在合作区设立办事处。

（三）促进了琴澳民生深度融合

澳门社会组织在合作区积极开展相关活动，成效显著。2023 年澳门街坊总会累计服务粤澳居民超 25 万人次，同比增长 50%，开展各类服务活动 1958 场，同比增长 29%，跟进心理辅导、康复治疗等个案 479 起，同比增长 32%，创新推出“走进新家园”“琴系街坊”等系列活动，擦亮了街坊服务名片，扩大了“街总”品牌影响力。

三、下一步工作思路

合作区将充分发挥澳门社会组织的桥梁纽带作用，探索通过简化开展活动审批流程、拓展公共服务领域、优化政府采购模式等方式，便利更多爱国爱澳澳门社会组织进入合作区开展相关惠民活动，引进更多具有澳门特色的专业化公共服务，促进两地社区治理和服务融合发展，推进澳门居民生活就业新家园的建设。

（供稿单位：广东省政府横琴办社会事务局）

推动首所澳人子弟学校落成招生

为落实《横琴粤澳深度合作区总体发展规划》“加强与澳门教育资源协同”的有关部署要求，琴澳双方携手推动濠江中学附属横琴学校（澳人子女学校）落地建设，通过衔接澳门教育制度、延伸澳门教育福利、参照澳门建设标准等创新举措，高水平打造匹配“澳门新街坊”趋同澳门的优质教育环境。

濠江中学附属横琴学校（澳人子女学校）外景

一、主要做法

（一）促成学校落成运营

合作区多措并举破难题促成学校设立，由澳门特别行政区政府委托澳门濠江中学教育协进会在横琴“澳门新街坊”项目开展澳人子弟学校开办及运营相关活动。学校占地面积约2万平方米，参照澳门学校建筑和设备的相关标准规范进行建设，以保障教学活动质量和满足学生学习需要，办学规模为12个幼儿园班、18个小学班。其中，2024—2025学年开设的年级为幼儿园阶段小班、中班、大班，小学阶段一、二年级，每个年级开设一个班，每班最多35人。

（二）衔接澳门教育制度

濠江中学附属横琴学校的课程设置是在澳门濠江中学传统及创新的优势课程的基础上，引入IB国际课程，从幼儿教育阶段开始采用基于概念的探究式学习方式和有效的评估原则，凸显语言和艺术特色，构建具有校本特色，符合澳门课程框架，又能与国际接轨的课程体系。

（三）推动澳门教育福利延伸

2023年11月，澳门教育及青年发展局与澳门濠江中学教育协进会签署办学协议书，濠江中学附属横琴学校参照澳门学校加入澳门免费教育学校系统，在校就读的澳门居民学生可享受趋同澳门免费教育的待遇。根据《二零二四/二零二五学校年度广东省学校就读学生就学财政支援》，在合作区就读的澳门居民学生可获相应的学习用品津贴。

濠江中学附属横琴学校（澳人子女学校）外景

二、实践成效

（一）内地第一所澳人子弟学校开学运作

濠江中学附属横琴学校于2024年9月开学，标志着内地第一所澳人子弟学校正式开办，不仅为在合作区生活的澳门居民营造趋同澳门学习生活环境迈出了重要一步，更是对助力澳门融入国家发展大局和粤澳深度融合发展具有里程碑意义。

（二）促进琴澳教育规则衔接

濠江中学附属横琴学校作为澳门濠江中学的第五个校部，采用澳门学制、课程及教材，由具备相关资质的老师授课，就读澳门居民学生参照适用在澳门就读的学生相应福利措施以及获得等同的升学保送安排等创新举措，有利于促进琴澳一体化发展，推动合作区深度对接澳门公共服务体系。

三、下一步工作思路

合作区将聚焦澳门居民教育服务需求，深化琴澳教育交流合作，完善“澳门新街坊”教育配套服务，推动配套中学建成办学，打造从幼儿园至高中的“一条龙”教育服务，为澳门居民在合作区学习提供更加便利的条件。

（供稿单位：合作区民生事务局）

创新港澳建筑工程领域企业和专业人士跨境提供服务

推动港澳建筑工程领域企业和专业人士到内地直接提供服务，是落实《粤港澳大湾区发展规划纲要》《横琴方案》要求，创新合作区建筑工程领域管理模式的一项法治实践。经住房和城乡建设部同意，珠海市人大常委会制定地方性法规，合作区出台配套文件，推动具备规定条件的港澳企业和专业人士，无须再转换资质，经合作区备案，即可为经营主体直接提供服务，探索走出一条立法保障港澳相关企业和专业人士跨境便利执业的新路子。

一、主要做法

（一）开展工程项目试点为立法探路

合作区率先以香港丽新、澳门信德等项目试点实施港澳工程建设管理模式，允许港澳独资或控股的开发建设项目自主采用香港（澳门）工程建设管理模式，在行政审批流程、管理架构、管理制度、接受委托的专业人士的执业范围、专业机构的从业许可范围等方面率先探索创新，并允许聘请经香港、澳门特别行政区政府遴选后所提供的名册内的专业人士及机构在合作区提供服务。该项试点创新性地将港澳专业人士信息录入内地建筑工程施工许可证内，为同步推进港澳建筑工程领域企业和专业人士跨境提供服务立法工作奠定现实基础。

（二）推出建筑工程领域首部地方性法规

合作区率先围绕促进港澳建筑工程领域企业和专业人士跨境提供服务进行立法，通过珠海市人大常委会制定地方性法规、合作区出台配套文件的方式，制定出台《横琴粤澳深度合作区港澳建筑及相关工程咨询企业资质和专业人士执业资格认可规定》（以下简称《认可规定》）、《港澳建筑及相关工程咨询企业和专业人士在横琴粤澳深度合作区备案管理办法》（以下简称《备案办法》）。允许港澳建筑工程领域企业和专业人士仅需经合作区备案，即可获得等同内地建筑工程领域的企业资质和专业人士注册执业资格，首次在建筑工程领域实现备案制替代许可制。

（三）丰富应用场景配套服务

合作区通过出台备案指引、实施细则、招投标标准文本，开设备案服务“绿色专窗”等举措，为港澳企业和专业人士提供“一站式”便利化备案服务。同时，围绕建设工程投标、建设工程项目管理等具体应用场景，通过首创港澳建筑企业承接内地政府投资项目模式、畅通参与建设工程投标渠道、创新跨境经营活动登记方式、创新推出专项职业责任保险等举措，全方位推进粤港澳建筑领域融合发展。

二、实践成效

（一）港澳企业和专业人士跨境提供服务效果明显

通过制定出台《认可规定》和《备案办法》，有效破解港澳企业和专业人士因缺乏执业资格而无法在内地执业难题。合作区城市规划和建设局依法发出备案认可文件 570 份，已有 67 家澳门企业、30 家香港企业，以及澳门 328 名专业人士、香港 145 名专业人士获得备案认可书。港澳工程管理模式取得积极成效，港澳企业和专业人士在合作区承建项目投资额达 56 亿元，已建项目全部顺利交付使用，在建项目在工程质量、安全、进度、造价控制上均取得不错反馈，同时项目基本建设程序、竣工验收备案、城建档案接收等全环节已全部贯通。

中华人民共和国

建筑工程施工许可证

编号 440403201909160101-HQMC

根据《中华人民共和国建筑法》第八条规定，经审查，本建筑工程符合施工条件，准予施工。

特发此证

发证机关

发证日期 2019 年 月 日

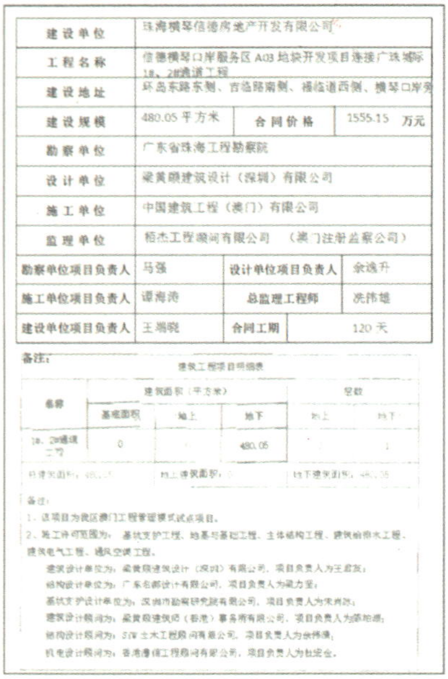

建设单位	珠海横琴信德房地产开发有限公司		
工程名称	信德横琴口岸服务区 A03 地块开发项目连接广珠城际 1#、2#通道工程		
建设地址	环岛东路东侧、吉临路南侧、福临道西侧、横琴口岸旁		
建设规模	480.05 平方米	合同价格	1555.15 万元
勘察单位	广东省珠海工程勘察院		
设计单位	梁黄顾建筑设计（深圳）有限公司		
施工单位	中国建筑工程（澳门）有限公司		
监理单位	栢杰工程顾问有限公司 （澳门注册监察公司）		
勘察单位项目负责人	马强	设计单位项目负责人	余逸升
施工单位项目负责人	谭海涛	总监理工程师	冼伟雄
建设单位项目负责人	王瑞晓	合同工期	120 天

备注：

建筑工程项目明细表

名称	建筑面积（平方米）			层数	
	基底面积	地上	地下	地上	地下
1#、2#通道工程	0		480.05		1

备注：

1、该项目为我区澳门工程管理模式试点项目。

2、施工许可范围为：基坑支护工程、地基与基础工程、主体结构工程、建筑给排水工程、建筑电气工程、通风空调工程。

国内首个试点澳门工程管理模式施工许可证

（二）为推动粤港澳规则衔接、机制对接提供范式

《认可规定》和《备案办法》是广东省首次以地方性法规的形式，试点允许港澳建筑工程领域企业和专业人士备案后在内地执业，并且在不突破上位法的情况下，按优先级融合使用粤港澳三地技术标准和行业规范，吸收引入港澳先进工程项目管理经验，有效实现粤港澳规则互补衔接、建设模式优化创新、操作流程便捷高效，为打造建筑工程领域港澳跨境专业服务规则衔接和制度型开放提供可循案例借鉴。

（三）成功开辟建筑工程领域边试点、边总结、边立法创新路径

该模式以“高标准、小切口”为主导思路，由住建部门牵头，项目试点实践，人大立法跟进，多部门联动集成，分流程创新，边试点、

边总结、边反馈、边立法，最终以实践成效助推地方性法规出台。在全国范围内率先实现建筑及工程领域政府投资项目全类别（勘察、设计、施工、监理、造价咨询）全方位向港澳业界开放，为全国建筑工程领域的改革创新提供可复制经验。

三、下一步工作思路

合作区将持续深入推进港澳建筑工程领域企业和专业人士更好落地经营发展，以做好港澳企业和专业人士跨境经营执业"一件事"为契机，积极营造更有市场驱动力的便利化营商环境，推动改善涉企经营更多关联环节，打造多元化应用场景，让政策红利惠及更多港澳企业和专业人士，加快琴澳一体化发展，支持港澳更好融入国家发展大局。

（供稿单位：合作区城市规划和建设局）

创新澳门医药专业人士跨境便利执业

推动符合条件的澳门专业人士经备案后在合作区跨境执业，是落实《横琴方案》便利澳门居民生活就业的重点任务。经国家卫健委、国家药监局同意，在粤澳相关成员单位指导下，珠海市人大常委会会同合作区充分研究两地医药专业人士法律法规差异，积极运用珠海经济特区立法权，制定推出《澳门特别行政区医疗人员在横琴粤澳深度合作区执业管理规定》（以下简称《医疗人员管理规定》）及《澳门特别行政区药学技术人员在横琴粤澳深度合作区药品零售单位执业备案管理规定》（以下简称《药学技术人员管理规定》），率先实现粤澳两地医药人员规则衔接，助力合作区建设澳门居民新家园。

一、主要做法

（一）推动创新立法

《医疗人员管理规定》允许具有澳门居民身份、持有澳门有效医疗人员资格认可证书并属于澳门《医疗人员专业资格及执业注册制度》适用范围的 15 类医疗人员，在澳门从事相关执业活动满 2 年后，以及不存在内地法律、行政法规规定不得从事医疗卫生服务的情形，经注册并取得执业证书便可在合作区范围内提供与其资格认可证书相符的医疗服务，无须再通过内地资格考试或短期行医、短期执业制度申请。明确在合作区取得执业证书的澳门医生、中医生和牙科医生在其执业的合作区医疗机构具有处方权。在澳门从事 5 年以上临床工作的澳门中医生可申请在合作区设立中医诊所。《药学技术人员管理规定》明确澳门药剂师、中药师、中医生和药房技术助理符合规定条件并经合作区药品监督管理部门备案后，即可在合作区药品零售单位直接提供药学服务，无须参加内地相应考试。

《医疗人员管理规定》《药学技术人员管理规定》新闻发布会

（二）推出配套措施

为配合《医疗人员管理规定》《药学技术人员管理规定》的实施，合作区民生事务局、商事服务局分别印发《澳门特别行政区医疗人员在横琴粤澳深度合作区执业注册管理办法》（以下简称《医疗人员注册办法》）和《澳门特别行政区药学技术人员在横琴粤澳深度合作区药品零售单位执业备案办法》（以下简称《药学技术人员备案办法》），明确操作规程、申请材料等内容，保障法规落地施行。此外，配套上线“合作区医疗管理系统”，进一步加强对澳门医疗人员在合作区执业的管理与监督；配套上线“横琴粤澳深度合作区药品安全社会共治系统”（以下简称药品共治系统），便利澳门药学申请人通过系统线上办理。

澳门卫生局举办《医疗人员管理规定》及《药学技术人员管理规定》法规宣讲会

（三）建设医疗培训基地

2021年12月，合作区首个琴澳医疗综合性技能和理论培训基地“琴澳医疗卫生培训基地”揭牌设立，主要面向琴澳卫生领域专业人士开展临床西医、中医等多领域的理论、操作培训课程和交流活动，旨在便利澳门医疗人员掌握内地医疗技术技能，拓展执业空间，提升执业水平。当前，“琴澳医疗卫生培训基地”已顺利通过澳门医疗专业委员会审议，成功获得澳门持续专业发展活动（Continuing Professional Development，CPD）的认可，澳门医疗人员参与基地培训可纳入医疗人员CPD学分计算。

琴澳医疗卫生培训基地户外课程学员合影

（四）推动琴澳学分互认

《药学技术人员备案办法》规定：澳门药学技术人员每年应当参加不少于 36 学分的继续教育培训；澳门药学技术人员岗前培训学分及在澳门参加持续专业发展活动取得的学分，计入当年的继续教育学分。2023 年 12 月，合作区商事服务局成为澳门药学技术人员持续专业发展 CPD 培训机构。自 2023 年 12 月 21 日起，澳门药学技术人员参加合作区商事服务局举办的药学相关研讨会、讲座及短期课程等培训活动，可纳入澳门特别行政区药剂师、中药师、药房技术助理、中医生的 CPD 学分计算。澳门药学技术人员登录药品共治系统完成不少于 12 学分的岗前培训课程并考核合格，即可通过系统开具记载学习时间、课程名称以及学分等信息的《澳门药学技术人员执业培训证明》，凭该证明可通过澳门医疗专业委员会官网申请纳入 CPD 学分计算。

首批澳门药学技术人员自 2023 年 11 月 30 日起在合作区执业

二、实践成效

（一）澳门医药专业人士跨境执业成效初显

自《医疗人员管理规定》《医疗人员注册办法》实施以来，已有 32 名澳门医疗人员申请并获发执业证书，执业范围涵盖全科、美容皮肤科、麻醉科、口腔科和中医。自《药学技术人员管理规定》及其配套文件《药学技术人员备案办法》实施以来，已有 71 名澳门居民在药品共治系统注册账号进行岗前培训学习，其中 12 名澳门药学技术人员已取得合作区商事服务局出具的培训证明，2 名澳门药学技术人员已完成执业备案并取得合作区执业资格。

（二）促进澳门医药专业人士管理规则衔接融通

《医疗人员管理规定》全面衔接澳门《医疗人员专业资格及执业注册制度》规定的 15 类医疗人员，将内地现行法律法规中未涉及的脊医、物理治疗师、职业治疗师、语言治疗师等纳入其中，准许符合条件的15类澳门医疗人员在合作区注册后，即可在合作区医疗机构提供与澳门医疗人员资格认可证书相符的医疗服务。回应澳门中医生在合作区开设中医诊所的现实需求，变通内地现行规定，允许在澳门从事5年以上临床工作的中医生，可以在合作区设立中医诊所并执业。鼓励澳门高水平医疗人员来合作区执业，允许已注册的15类澳门医疗人员在合作区执业满1年，经向合作区民生事务局申请和取得主执业机构同意后，在合作区多个医疗机构执业。

（三）促进琴澳两地医疗人才交流合作

“琴澳医疗卫生培训基地”已开办三期培训班，合计809人次参加，其中澳门医疗人员383人。“琴澳医疗卫生培训基地”的建设促进琴澳两地医疗人才的交流合作，进一步便利了澳门医疗人员掌握内地医疗技术技能，为其拓展执业空间、提升执业水平提供重要支持。

三、下一步工作思路

合作区会同澳门医疗专业委员会、澳门药物监督管理局等部门，及时研究解决跨境执业规则衔接中遇到的困难和问题，保障澳门医疗人员及药学技术人员在合作区的执业安全。同时，合作区将以《医疗人员管理规定》《药学技术人员管理规定》两部法规落地实施为契机，进一步推动澳门医药专业人士在合作区执业发展，将具有澳门医疗专长、特色的管理模式及医疗资源优势引入合作区，提供更多维度的基础、专科医疗服务，探索与合作区医疗机构在各自的功能定位和专科建设上协同发展，逐步构建具有合作区特色的、满足不同群体需求的医疗卫生服务体系。

（供稿单位：合作区民生事务局、合作区商事服务局）

首创粤澳职业技能“一试多证”

技能人才是经济高质量发展的重要基础。粤澳双方贯彻落实《粤港澳大湾区发展规划纲要》《横琴方案》精神，立足粤澳两地优势，支持合作区积极开展国际化技能人才培养评价体系先行先试，通过引入澳门职业技能认可基准及课程与国家职业技能标准融合发展，共建粤港澳大湾区技能人才评价规范，拓展“一试多证”合作范围及培养层次，推动人才资源互认共享，开辟了粤澳技能人才跨区就业创业的新路径。

一、主要做法

（一）开展粤澳“一试多证”试点

2021 年 11 月，在粤澳劳动及社会保障相关事务合作专责小组会议上，广东省人力资源和社会保障厅与澳门劳工事务局等部门签署了“一试多证”培养评价等合作协议。2022 年 8 月，合作区率先开展粤澳餐厅服务员“一试多证”试点考试工作，并在横琴星乐度设立了广东省首个“粤澳合作技能人才评价工作站”，标志着粤澳职业技能“一试多证”专项合作落地合作区，琴澳两地人才执业技能标准互认工作全面启动。

粤澳合作技能人才评价工作站揭牌仪式

（二）建立多元化职业技能培训基地

琴澳先后联合设立“澳门旅游学院横琴培训基地”“琴澳医疗卫生培训基地”“世界技能大赛澳门综合培训基地”等多个职业技能培训基地，围绕酒店服务、旅游、餐饮、医疗卫生等行业开展培训交流工作。合作区依托培训基地，加强与澳门旅游大学合作，推动相关培训课程项目延伸至合作区，促进琴澳两地技能人才培训资源共享。

（三）共同打造职业技能竞赛品牌

合作区民生事务局协同澳门、珠海有关政府部门和业界联合举办“深合杯”职业技能竞赛，围绕酒店、美容、餐饮、人力资源管理、卫生专业等领域设置竞赛项目，积极打造职业技能系列赛事，以赛促融，推动琴澳两地职业技能建设协同发展，为促进澳门产业多元发展培育更多优秀的技能型人才。

二、实践成效

（一）助力澳门技能人才跨境就业创业

开展粤澳职业技能“一试多证”试点考试，首批共有 12 名来自澳门的旅游服务行业相关人员通过考核，并获颁内地职业技能等级证书、澳门职业技能证明书和澳门职业技能认可基准（MORS）技能证书共三份职业技能证书，三张证书在内地、澳门均被认可，大幅提升了澳门技能人才跨区就业创业的便利性。

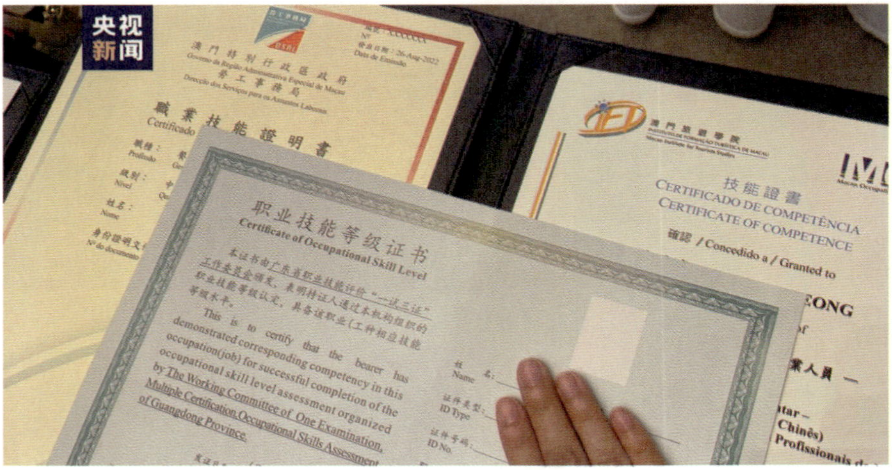

央视新闻播报首批澳门居民获得“一试多证”考试证书

（二）促进了琴澳职业技能培训机制有效衔接

澳门旅游学院横琴培训基地自 2019 年设立来，积极与澳门业界开展交流合作，先后举办了 5 期“粤港澳大湾区旅游教育培训基地”系列大讲堂，开办了澳门职业技能认可基准（MORS）内地企业导师班等多期培训课程，助力合作区引入澳门先进的旅游业技能认可基准，推动两地深化合作职业技能培训。

（三）技能人才培训体系逐步彰显

成功举办两届“深合杯”职业技能竞赛，共吸引来自澳门、横琴、珠海等地超 680 家单位、1700 名选手参赛，成为大湾区一项重要的行业技能系列竞赛。2024 年 5 月，珠澳琴三地部门联合签署《珠澳琴职业技能等级认定合作框架协议》《关于建设“世界技能大赛澳门综合培训基地”合作框架协议》，通过“一试多证”“一赛两地”等方式，进一步深化三地技能人才培训交流互动。

三、下一步工作思路

合作区将深入打造“深合杯”职业技能竞赛系列赛事，探索与世界技能大赛澳门特别行政区选拔赛进行合作办赛，充分发挥职业技能竞赛在培养和选拔技能人才中的引领示范作用。在国家人社部、省人社厅支持指导下，充分发挥“粤澳合作技能人才评价工作站”“世界技能大赛澳门综合培训基地”的功能，协同推动澳门爱国爱澳骨干社团在横琴建设职业培训学校项目落地。

（供稿单位：合作区民生事务局）

助力澳门青年成长成才

《横琴方案》提出“为澳门居民在合作区学习、就业、创业、生活提供更加便利的条件，营造趋同澳门的宜居宜业生活环境”。为加快打造便利澳门居民生活就业新空间，助力澳门青年成长成才，合作区以高水平打造横琴·澳门青年创业谷等一批创客空间、孵化器和科研创新载体为契机，通过构建“创业载体 + 创新资源 + 创投资本 + 创业服务”的立体孵化模式，搭建澳门青年实习交流服务平台，构建全过程“澳味”服务体系等，着力破解澳门青年在内地就业创业难题，努力将合作区打造成澳门青年到内地创业就业的主平台。

一、主要做法

（一）打造全链条创业载体

已认定粤澳合作中医药科技产业园、横琴·澳门青年创业谷、横琴国际科技创新中心、三一南方总部大厦、珠光·优客工场、AHA 港澳青年孵化中心等 6 个面向港澳青年的创新创业基地。针对不同业态和成长阶段的澳门青创企业，基地可为澳门青年提供“拎包入驻”的办公空间以及完善的公共服务场地和设施。同时，为了全面提升服务质量，基地配备专职服务管理团队及创业导师团队，提供企业注册、知识产权、创业培训等基础配套服务，定期开展一系列创孵活动，更好地帮助澳门青创企业对接市场、资本、人才等创业要素。

“横琴粤澳深度合作区澳门青年创新创业基地”授牌仪式

（二）搭建澳门青年实习交流服务平台

积极联合澳门中联办、澳门特别行政区政府相关单位、澳门青年社会团体以及各大实习企业，针对不同青年群体，常态化、滚动式开展青年实习计划，为澳门青年参与合作区建设提供平台和机遇。积极联合广大澳门青年社会团体，针对在校中学生群体、在校大学生群体及在职青年不同年龄层群体的参观需求，高频次、高密度开展“澳门青年交流计划”活动，促进澳门青年参与粤港澳大湾区建设，增强澳门青年对国家的认同感和归属感。

（三）构建全过程“澳味”服务体系

成立合作区青年创业就业协会，为落地的青创企业提供包括市场对接、投融资对接等多个方面的孵化服务。设立澳门青年互联网培训孵化基地，推出澳门青年“互联网营销师一试双证”公益培训，帮助澳门青年掌握互联网技能，提升就业创业能力。积极对接澳门教育、医疗、社会服务等民生公共服务和社会保障体系，通过推动澳门 2024 年度医疗券的使用范围扩大至横琴，支持自 2023 年 3 月起到合作区学习、就业、创业、生活的澳门居民，可向澳门社会保障基金申请将有关期间视为身处澳门的时间等措施，为在合作区就业创业的澳门青年提供澳门社会保障服务。

横琴创新方跨境电商产业园

二、实践成效

（一）澳门青年创业有支撑

横琴·澳门青年创业谷、横琴国际科技创新中心等 6 个创新创业基地可使用的孵化办公面积 22 万平方米，配备专职服务人员 114 人、各类创业导师 105 人，引入合作投融资机构 22 家，可使用的孵化金额 5.35 亿元。截至 2024 年 9 月，各园区实际在园港澳青创项目 323 家，组织举办面向澳门创业青年的专项活动超 90 场次，吸引超过 600 家企业参加。

（二）青年交流有氛围

通过“澳门青年交流计划”，已有 320 个批次、超 1.9 万名澳门青年赴合作区参观交流，切实增强了澳门青年对国家的认同感和归属感。“澳门青年实习计划”已先后推出合作区执委会、澳门大学生暑期、澳门青年重点产业、文旅会展产业、电子竞技产业、现代金融产业、生物医药大健康、科技研发及高端制造等 13 个专项实习计划，为澳门青年提供本地及异地实习岗位超过 700 个，吸引超过 4000 名澳门青年报名，为澳门青年参与横琴合作区发展提供了机遇及平台。

澳门青年实习计划活动——参观横琴规划展示厅

三、下一步工作思路

合作区将持续优化澳门青年创新创业扶持政策，积极拓展创业载体空间，持续举办“澳门青年实习计划”“澳门青年交流计划”等系列活动，为澳门青年来合作区提供更多的支持，营造更好的氛围、创造更多的机遇。

（供稿单位：合作区民生事务局）

首创粤澳社保一窗通办

“粤澳社保一窗通”是以社保服务小切口改革带动民生融通大变化的一项实践探索。2023 年，广东省人力资源和社会保障厅携手澳门社会保障基金、合作区民生事务局签署合作协议，在横琴建设“粤澳社保一窗通”（横琴专窗），可同时办理广东、澳门两地的社会保障服务事项，首次实现粤澳社保两地办向跨境融合办转变，开辟了粤澳社会保障事业创新发展新路径。

“粤澳社保一窗通”（横琴专窗）启动仪式

一、主要做法

（一）推动专窗、专员、专线“一窗通办”

从琴澳共建专窗入手，推动社会保障体系深度对接。在合作区政务服务中心开设“粤澳社保一窗通”（横琴专窗），专项办理澳门居民粤澳两地社保业务，深度对接澳门社保服务；专窗配备澳门籍“专员”，便利服务澳门居民业务办理；开通社保“专线”，提供粤澳两地社保咨询服务。

“粤澳社保一窗通”（横琴专窗）

（二）推动同标、同规、同训“跨境联办”

从“三个同”入手，提供琴澳两地无差别服务。硬件设施“同标”，专窗采用统一建设标准、综合柜员制服务，并配备电脑、高拍仪等硬件设备，实现琴澳社保业务办理窗口硬件一致。业务流程“同规”，合作区与澳门社会保障基金联合编制“粤澳社保一窗通”（横琴专窗）操作手册，统一业务受理、经办流程和审核标准，实现业务标准一致。工作人员“同训”，专窗经办人员定期与澳门社会保障基金工作人员共同接受培训交流，及时掌握两地最新政策和服务要求。专窗具备提供跨境远程协助的条件，必要时工作人员可跨境提供支援，实现粤澳社保业务“两地协办”“跨境联办”。

（三）推动一网、一窗、一次“即办快办”

从“三个一”入手，促进琴澳社保惠澳便民见实效。线上开通“一网”，通过搭建“粤澳社保跨境一网通”，以新电子税务局为载体，增加澳门社保业务的办理入口。澳门参保人在登录新电子税务局后，可实时办理澳门社保业务及广东省社保业务。线下设立“一窗”，通过“粤澳社保一窗通”一个窗口，同时办理广东、澳门两地社保业务，实现两地社保“一窗通办”。申报审批“一次”，按照“一次告知、一次申请”的原则，简化申请材料、优化前后置环节，压缩办结时间，实现粤澳社保业务“即来即办”“即办快办”。

二、实践成效

（一）实现粤澳常规社保业务基本覆盖

粤澳社保跨境通办可办理广东社保服务共 76 个社保服务事项，主要包括企业职工养老保险、机关事业单位养老保险、城乡居民养老保险、工伤保险、失业保险等。同步实现办理澳门社会保障服务的 22 个社保服务事项，主要包括在生证明、结婚 / 出生 / 丧葬津贴申请、非强制性中央公积金制度政府管理子账户款项转出申请、查询社保制度供款、启动任意性制度供款、非强制央积金账户概况查询等；满足两地居民办理社保业务的基本需求。

（二）便利澳门居民跨境高效办理

依托“一网通 + 一窗通”线上线下互动、立体集成互通的服务体系，实现粤澳社保业务网上办理无感式切换，参保人即使身处境外，也可通过登录电子税务局，跨境办理粤澳社保业务，便利澳门居民在合作区创业、就业、生活。截至 2024 年 9 月，“粤澳社保一窗通”累计办理澳门居民广东社保业务近 5900 人次，受理业务咨询超 12,000 人次；

办理澳门一户通业务超 100 人次，受理业务咨询约 80 人次。

（三）深化琴澳民生融合

以社会保障服务为切入口，率先打破跨境办理社保业务的限制，推动琴澳在民生服务领域加快融合，实现琴澳社会保障服务系统无缝衔接，为琴澳两地在其他民生服务领域深度融合打下坚实基础，逐步营造便利澳门居民工作生活的新空间。

三、下一步工作思路

合作区将与澳门社会保障基金通力合作，持续深化“粤澳社保一窗通”建设，推动增加跨境社保服务项目，逐步扩大跨境公共服务办理种类，推动合作区深度对接澳门公共服务体系，为在合作区工作生活的澳门居民带来更加优质便捷的民生服务体验。

（供稿单位：合作区民生事务局）

率先实现全业务非接触式办税新模式

“非接触式”办税缴费服务是推进税收征管现代化、提升服务质效的重要举措。为提升办税服务体验、优化税收营商环境，合作区以税费服务供给侧改革为主线，通过无窗化“一约即享”、智能化“一码全程”、专业化“一人全能”、定制化“一企专属”、集成化“一厅集成”、网络化“一网协同”，率先实现“网上办为主，自助办为辅，V-Tax办兜底”全业务税费事项“非接触式”办理。

一、主要做法

（一）首创“V-Tax”非接触式办税平台

为推进落实“互联网+税务”行动计划，横琴于2016年首创“V-Tax远程可视化办税平台”（以下简称V-Tax平台），通过提供电子资料报送、视频音频交互、扫码缴费等在线服务，实现纳税人与税务人员远程非接触式办税。V-Tax平台的“可视化辅导”模块有效解决了现场资料提交的问题，纳税人可以实时上传所需办理资料的影像文件，并与工作人员“面对面”视频连线，轻松实现在线办理。

在粤澳工商服务中心实施“V-Tax”非接触式办税

（二）打造集成式新型办税服务厅

取消传统常规税费办理窗口，创新设立新型办税服务厅，划分为智能自助办税区、集约运营中心、专业化涉税服务专区，实行“业务受理集约化、流转办理扁平化、运营管理一体化”的运营工作机制。纳税人进入服务厅即可通过实名信息二维码快捷完成身份识别，得到智能调度；简易事项实行“非接触式”自主办理，复杂事项享受套餐式服务，办税服务更加智能化和定制化。特殊人群、特殊事项还可享受“绿色通道”的全程陪伴式服务。

在新型办税服务厅提供定制化全程陪伴式办税服务

（三）强化非接触办税后台支撑

在广东省税务局的支持下，合作区税务部门对《税收征管操作规范（2.0版）》的税收征管事项以及社保和划转的非税收入事项进行了逐一梳理，从占纳税人全量业务99%以上的高频业务入手，对发票代开、纳税申报等高频业务编制指标体系，精准定位问题症结并逐个击破，推动实现全量业务事项在现有的税费征管系统上办理。

二、实践成效

（一）办税效率与便利度大幅提升

依托V-Tax平台、“粤税通”小程序等线上渠道，纳税人足不出户便可办理绝大部分涉税事项。同时，通过对4大类241项全局性涉税涉费事项电子化、集约化处理，V-Tax平台分流率提升至46.24%，电子税务局平均业务响应时长由原先的108分钟缩短为28分钟，推动形成了15项优化电子税务局功能方案，高效破解了跨省涉税事项无法全程网上办等43个痛点堵点，推动广东省全省平均税费业务办理时长再压缩。随着纳税人网上办、掌上办、自助办的普及，实现“非接触式”办税率达99.7%，居广东省首位，促进了跨境人民币全程电子缴税、缴社保费和退税的全面实现，港澳业务“非接触式”办理率从4%跃升到99%。

（二）办税体验感提档升级

一方面，全量涉税业务均可“网上办”，实现了跨境、跨省、跨市、跨区“零跑动”办税，大大降低了纳税人的办税成本。另一方面，以纳税人为中心，音视频交互式、智能化、定制化等人性化的办税服务，让纳税人在办税过程中更有获得感，满意度大幅提升。尤其是港澳业务可以“非接触式”办理，让澳门居民以及其他境外人士办理涉外税费更加便利，提升了合作区税收营商环境的国际化水平。

三、下一步工作思路

合作区将立足琴澳一体化发展，持续深化全业务“非接触式”办税缴费制度创新，在实现全量涉税业务均可“网上办”的基础上，着力解决“如何办得更快”“如何办得更好”的问题，为琴澳居民和企业提供更多便利化缴税渠道和贴心办税服务，打造国际一流的琴澳税收营商环境。

（供稿单位：合作区税务局）

创新“澳门新街坊”民生金融服务

民生金融创新是服务合作区建设澳门居民便利生活就业新家园的重要举措。近年来，中国人民银行、国家外汇管理局聚焦合作区建设发展需求，推出便利澳门居民在合作区工作、生活和跨境往来等系列特色民生金融措施，便利澳门居民在“澳门新街坊”购房置业、安居乐业，为打造琴澳优质生活圈奠定良好基础。

一、主要做法

（一）试点商品房首付款结汇和汇兑便利

在国家外汇管理局广东省分局指导支持下，合作区在“澳门新街坊”楼盘开展商品房首付款（含定金、预付款、全款等）便利化政策试点工作。开展首付款外币收结汇便利化业务，澳门居民购置“澳门新街坊”住宅时无须开立境内账户，银行在收到其汇入的外币购房款项后，直接凭报文指令结汇，将人民币资金划入“澳门新街坊”开发商指定账户。推出首付款便利化跨境人民币收款业务，澳门居民可在境外将人民币购房资金汇给开发商账户，银行采取“先入账，后补资料”的方式先划入开发商账户，后由开发商补充网签合同、产权证明等资料，进一步便利了“澳门新街坊”居民的跨境购房交易。

（二）创新澳门居民购房按揭业务方式

合作区参照澳门“统一澳门居民及非本澳居民按揭成数上限为

70%（购置经济房屋按揭成数上限维持 90%）”的按揭比例设置购房条件，降低首付款额度，购买“澳门新街坊”住宅的澳门居民可在澳门银行享受最高一成首付、九成按揭的贷款政策。开展数字人民币住房按揭贷款业务，2024 年 6 月 6 日，在中国人民银行珠海市分行的指导下，中国银行横琴分行为购买“澳门新街坊”住宅的澳门居民发放了数字人民币按揭贷款到开发商的对公数字货币钱包，成功落地了全国首笔“澳门居民—澳资企业”数字人民币住房按揭贷款业务。

中国银行横琴澳门新街坊支行

（三）设立银行网点就近提供便民金融服务

2024 年 8 月 14 日，中国银行横琴澳门新街坊支行正式对外营业。该支行专属打造琴澳融合的特色服务，提供品类齐全的智能服务以及能兑换数十种货币的外币兑换机，能够为澳门居民在各类智能设备上轻松便捷地开立账户、社保卡以及申领数字人民币硬钱包等，同时还基本涵盖了各类对公对私金融服务，为在合作区学习、生活、创业及就业的澳门居民提供更优质的金融服务。

二、实践成效

（一）促进琴澳民生金融服务融合发展

通过将符合澳门标准的按揭贷款、保险保障等服务延伸至“澳门新街坊”，合作区进一步探索民生金融服务体系衔接澳门，推动与澳门民生金融服务一体化，积极营造趋同澳门的宜居宜业金融环境，增强澳门居民在合作区生活的幸福感、获得感与安全感。

（二）为澳门居民提供更优质的金融服务

横琴人寿保险有限公司发布的一系列保险产品为在合作区的澳门居民享受跨境医疗服务提供了有力保障，截至2024年9月，累计承保4份团体保单，合计被保险人248人，保费收入9.7万元，合计受理赔付案件457件，合计赔付金额22.33万元。“澳门新街坊”民生金融配套服务不断完善，中国银行横琴分行作为“澳门新街坊”项目的内地全面合作银行，坚持节假日不打烊，派员驻点为购买“澳门新街坊”房产的澳门居民提供优质的“一站式”金融服务。

（三）降低了制度性交易成本

购买“澳门新街坊”房产的澳门居民在购房结汇环节不必亲临银行柜台或委托律师办理，仅需在签订《承诺函》的前提下由银行凭报文直接办理，也不用再开立境内账户，因而节省了时间与律师费等相关成本。同时，澳门居民可在澳门银行办理按揭，享受与澳门相同的按揭贷款政策，初期购房成本大幅减少。

三、下一步工作思路

合作区将积极协调中国人民银行广东省分行和国家外汇管理局广东省分局，加强与澳门金融机构联动，推动区内金融机构在“澳门新街坊”及其周边布局网点，围绕澳门居民的金融服务需求创新服务民生的金融业务，加快推动澳门币小额支付使用试点工作，为“澳门新街坊”澳门居民提供更多与澳门“无差别”的金融服务。

（供稿单位：合作区金融发展局）

深化琴澳跨境信用合作

为促进琴澳两地信用合作，营造趋同澳门的国际化消费环境，推动琴澳共同构建跨境信用体系，合作区携手澳门持续建设符合琴澳合作模式的跨境信用体系。琴澳两地积极开展紧密合作，在诚信店品牌建设、税务诚信体系、跨境消费维权等领域，全面提升合作区消费环境，共建琴澳诚信建设长效机制，助力琴澳一体化发展。

一、主要做法

（一）借鉴澳门模式建立“横琴诚信店”品牌

为保障消费者权益，澳门于 2001 年推出“澳门诚信店”计划，通过澳门消费者委员会资格评核的“加盟商号”可获得“诚信店”资格，履行快速处理不满或投诉的职责，提供退款换货服务，接受消费者仲裁。合作区学习借鉴“澳门诚信店”模式，打造“横琴诚信店”品牌，在“横琴诚信店”申报上精简流程，推出一键申报功能、专人点对点辅助申报服务，便利商家申请。创新“横琴诚信店”评审模式，与澳门消费者委员会共同组成联合评审小组，对申请商家进行考核。构建琴澳诚信店双向互认机制，开通审批绿色通道，推动琴澳诚信店品牌合作从单向认可升级为双向互认。获得“澳门诚信店”资格的经营者，在合作区经营同一行业时，可以绿色通道审批“横琴诚信店”；获得“横琴诚信店”资格的经营者，在澳门经营同一行业时，可以绿色通道审批“澳门诚信店”。

合作区消费者协会和澳门特别行政区政府消费者委员会联合开展的琴澳诚信店品牌宣传

（二）推出全国首个税务诚信报告免责体系

鼓励企业主动向税务部门诚信报告重大涉税事项，日后按规定需补缴税款的，可免于罚款及滞纳金；建立税务部门与诚信报告纳税人间的新型征纳合作关系。建立税收遵从评价指数体系，对 A 级纳税人建立“白名单”制度，提供免费邮寄发票、绿色通道和专人服务等便利措施；C、D 两级纳税人不适用税务诚信报告免责体系；对 D 级纳税人及存在重大税收违法案件纳税人建立“黑名单”制度，并采取严格管控措施，实行信用修复制度，建立有利于自我纠错、主动更新的社会鼓励与关爱机制。

（三）创新跨境消费维权

琴澳消费者组织合作建立“跨境视频调解”机制，两地消费者在发生跨境消费纠纷时，可直接向所在地消费维权部门投诉，并通过“跨境视频调解平台”进行在线视频调解。内地消费者在澳门发生消费纠纷时，还可在澳门消费者委员会协助下，按照澳门特别行政区法律的规定，以视像会议方式就地进行视频仲裁。澳门消费者委员会与合作区消费者协会签署《琴澳消费维权联动协助合作框架协议》，推动两地在消费维权领域的加速深度融合和协同发展，共同打造更优更好的消费环境。

二、实践成效

（一）擦亮横琴诚信品牌

合作区现有“横琴诚信店”70家，其中澳资企业15家，主要涉及银行、酒店、餐饮、零售等行业领域，对构建行业诚信生态起到引领示范作用。“横琴诚信店”打造了特色诚信制度与创新模式，推动了琴澳在消费维权领域深度融合和协同发展，促进了合作区营造更加安全诚信的消费环境和消费生态。

（二）失信联合惩戒成效明显

在税务服务等领域建立联合惩戒机制，初步形成“一处违法，处处受限”的信用监管体系。首批联合惩戒失信名单超3000家，并强化违法商事主体清退，清出大量“僵尸企业”。开展纳税信用分类服务和管理，将超3000户纳入D级纳税人，对应建立“黑名单”并采取严格管控措施。

（三）实现跨境消费维权“零跑动”“低成本”

“跨境视频调解”机制简化了消费纠纷处理流程，消除了两地消费维权程序差异，实现了跨境消费维权“零跑动”，大大降低消费者维权的时间成本，为两地消费者维护自身合法权益提供了便利。

三、下一步工作思路

合作区将深入探索琴澳信用标准规则衔接和机制对接，持续推进琴澳诚信店深度融合，促进合作区诚信建设，为粤港澳大湾区跨境信用合作机制建设探索经验。

（供稿单位：合作区商事服务局、合作区统计局、合作区税务局）

首创跨境电子缴税费新举措

“跨境人民币全程电子缴税”是跨境人民币业务在税务领域的创新应用。为满足港澳企业和居民的跨境缴退税费需求，促进琴澳两地要素资源的便捷流动，在国家税务总局、中国人民银行的支持和广东省税务局的指导下，合作区通过建立上下联动、琴澳协同的工作协调机制，依托国家财税库银横向联网系统，率先创新试点“跨境人民币全程电子缴税”新模式，突破以往非居民纳税人自主缴税时必须在境内开设银行账户或跨境汇款的难点，实现非居民纳税人足不出户即可办理合作区涉税业务。

一、主要做法

（一）创新“银联电子”“银行端”跨境缴税路径

在广东省税务局的支持下，合作区税务部门对金税三期征管系统和广东省电子税务局进行功能优化，打通了“支付二维码生成推送”和“嵌入银联支付方式”两个关键步骤，省去了银行与税务机关之间的人工审核环节，实现了“跨境人民币银联电子缴税”“跨境人民币银行端查询缴税”两种跨境便捷缴税路径。跨境人民币银联电子缴税，即纳税人使用境外银联信用卡在线支付或关联该信用卡的云闪付 App 移动支付缴纳税款。跨境人民币银行端查询缴税，即纳税人通过网银将税款划转至境内指定银行账户，由境内收款银行办理银行端查询缴税。

（二）实行“电子化＋可视化”办税操作

“跨境人民币全程电子缴税”以电子税务局或者 V-Tax 平台为依托，纳税人通过电脑或手机登录电子税务局或者 V-Tax 平台即可进行申报和缴税。申报系统采用对用户友好的设计，并内嵌与税务人员实时视频通话功能；纳税人遇到任何疑问或困难，均可通过实时视频通话获得税务人员“一对一”专业指导。

（三）设立在澳跨境办税服务网

依托与中国人民银行珠海市分行、澳门金融管理局、中国银行澳门分行、中国银行横琴分行等单位建立的“联席会议＋联合工作专班”工作协调机制，与澳门财政局在内地和澳门成功互设“粤智助”自助办税服务终端，为琴澳居民和企业打造 5 分钟就近办税缴费“服务圈”。

设立在澳跨境办税服务网服务琴澳居民和企业便捷办税

二、实践成效

（一）跨境办税效率大幅提升

“跨境人民币全程电子缴税”通过简化缴税流程，实现境外缴税（费）实时“直入国库”“直入社保基金账户”。非居民纳税人在境外可足不出户，“一站式”“无中转”“零时差”办理跨境纳税申报和税款清缴，整个业务办理仅耗时几分钟，简单便捷高效安全。自跨境税费服务推广以来，合作区完成超 4000 万元的跨境人民币银联在线支付电子缴税（费）业务和 1.57 亿元的跨境银行端查询缴税业务。

澳门居民在澳门跨境办税

（二）优化了跨境办税服务体验

“跨境人民币全程电子缴税”提供了多元缴税路径，满足了不同纳税人的个性化需求。跨境缴税业务需要的金额较小，可选择银联电子缴税；无境外银联信用卡或者跨境缴税业务需要的金额较大，可选择银行端查询缴税，缴税金额不受限制。“跨境人民币全程电子缴税”还允许非居民纳税人通过在澳门当地办理的银联卡，直接在线上完成社保费的缴纳，极大地便利了在内地参保的澳门居民，也直接惠及 10 万多名内地赴澳门务工的人员。

（三）改革创新经验获全国推广复制

2021 年 4 月，由合作区首创的“跨境人民币全程电子缴税”被列为广东自贸试验区第七批改革创新经验，在全省相关范围内复制推广。2023 年 6 月，“跨境人民币全程电子缴税”被列为自贸试验区第七批改革试点经验，在全国范围内复制推广。

三、下一步工作思路

合作区将充分发挥平台载体作用，加大税银合作深度和广度，深化跨境人民币电子缴税制度创新，持续拓展缴税渠道和支付方式，推动澳人澳企可使用澳门币在合作区缴纳税费，为非居民纳税人提供更多便利化缴税渠道和贴心办税服务，在税务领域促进粤港澳大湾区要素资源的便捷流动。

（供稿单位：合作区税务局）

首创兼具粤澳特色供用电规则

加快构建粤澳特色的现代供电服务体系是合作区推动公共服务与澳门有序衔接、打造高质量供用电环境的重要举措。在南方电网公司的支持下，合作区通过积极衔接澳门供用电管理制度，创新设施建设、电力供应等供用电规则标准，推出《横琴粤澳深度合作区供用电规则》，推动琴澳电力服务领域规则联通融通，实现合作区居民企业安全可靠高效便捷用电。

一、主要做法

（一）精准衔接澳门标准

制定供电设施安置地标准，基于合作区多台风、暴雨等特点，借鉴澳门《都市建筑法律制度》，创新提出新增供电设施安置地应当设置在防洪高程（黄海高程 4.45m）以上，满足建筑一层及以上的，其对应面积可免计入地块容积率，提升合作区电力设施防洪防汛能力。前置电力设施审查，借鉴澳门事前统筹规划的做法，在建设工程设计方案审批环节，建立合作区城市规划和建设局与供电企业对接机制，确保供电设施用房（用地）位置设计科学合理。明确电缆全部入地，参照澳门全电缆化建设模式，明确合作区电缆全部采取敷设在电力管廊、电缆沟等全入地的建设方式，并明确地下电力通道的使用、维护管理要求，提升合作区电网抗击台风能力和城市整体美观度。

（二）开展定制化供用电服务

构建低压供电模式，并首创“见面办成”快捷办电服务模式，在用电项目的电源建设中，提前在客户红线内投资配套供电设施至低压，同时通过“一站式”电力服务、精简办电手续流程、缩短报装办理时间等措施，为企业提供全低压、高效率、零成本接电服务。改进澳门客户服务中心的陈设、展示和服务支持平台，为客户提供温馨环境和便捷服务，并实现“琴澳办”模式，客户无须往返琴澳两地即可“一次、一地”办理用电业务。全力提升“澳门新街坊”供电服务配置，设立供电服务专属坐席，建设具备国标和欧标充电功能的充电站，实现线下网点代缴电费业务和账单邮寄服务。创新便利缴费方式，兼顾琴澳两地企业居民习惯，提供数字人民币、澳门钱包 MPay、境外银行卡等缴费渠道。上线运行全国首个兼具简、繁体中文与英文、葡文的电力客户服务管理平台，配备多语种的服务人员，并编印多语种版本的《横琴供电便民一本通》，打造便利化的合作区用电服务环境。

上线多语言界面的电力客户服务管理平台

（三）推动“分层分区、自治自愈”灵活配网

全域采用220千伏直降20千伏供电模式，首创“双链环”网架接线，按主干层、次干层、负荷层三层设计建设，并采用“分层分区、自治自愈”的保护系统。当供电线路出现故障，电网系统可自动判断故障并在100毫秒内隔离故障段的线路，非故障段的线路在300毫秒内自动转接到其他电源线路并恢复供电。实现“自愈”再无须供电人员前往现场排查故障和恢复供电，复电时间大幅降低，安全性和可靠性大幅提高。

二、实践成效

（一）降低了企业办电成本

《横琴粤澳深度合作区供用电规则》自2023年9月1日实施以来，显著降低了合作区用户电力设施投入，已为客户节省电力投资成本超过4000万元，政策红利初步释放。

工商业用户采用低压供电模式，大幅降低电力投资成本

（二）提高了用电服务效率

实行“见面办成”快捷办电服务模式，用户当天申请当天即可完成接火通电，澳资企业项目广慈医院成为合作区首个应用“见面办成”模式客户，从电力支撑角度突出“横琴速度”“横琴效率”。实行多

样化用户电费缴费方式、多语言操作界面等便利措施，契合两地居民的使用习惯，极大便利澳门居民便捷支付电费。

澳资企业项目广慈医院成为合作区首个应用“见面办成”模式客户

（三）大幅提升安全可靠性

南方电网建设的“分层分区、自治自愈”高可靠性配网，能实现故障自动切除、“毫秒级”复电，2023年合作区供电可靠率达“七个9”（99.99999%），全年中压用户平均停电时间2.5秒/户、低压客户平均停电时间0.98秒/户，2024年上半年进一步实现中、低压平均停电时间0秒/户的佳绩，达到世界顶尖水平，为合作区持续提供安全可靠的电力供应。

三、下一步工作思路

合作区将持续推进粤澳供电规则融合，进一步完善合作区电力法规体系，优化供电办电服务，打造融合粤澳特色的供用电管理服务体系，为优化合作区供用电营商环境提供更加有力的保障支撑。

（供稿单位：合作区商事服务局、横琴供电局）

新体系篇

构建货物、物品分线管理新体系

合作区实施全岛分线管理是落实《横琴方案》，构建与澳门一体化开放新体系的特殊监管体制安排。分线管理将合作区与澳门之间设为“一线”，合作区与中华人民共和国关境内其他地区之间设为“二线”，财政部、海关总署、国家税务总局联合出台货物、物品税收优惠政策，海关总署制定监管办法，按照货物“一线”放开、“二线”管住、人员进出高度便利的原则实施。2024 年 3 月 1 日零时起合作区分线管理落地实施，标志着琴澳一体化开放发展格局初步建立。

一、主要做法

（一）货物“一线”进口“非免即保”

货物经“一线”进入合作区可免税或保税。在合作区登记注册且具有独立法人资格的企业，合作区内的行政机关、事业单位、法定机构，以及在合作区登记的社会团体、民办非企业单位进口的自用的机器、设备、模具及维修上述商品用的零配件、基建物资（不含室内装饰、装修物资）免征进口关税、进口环节增值税和消费税。其中，经合作区“一线”免税进口的机器、设备（不含飞机、汽车、船舶及游艇等交通设备）、模具及维修上述商品使用的零配件，包括《中华人民共和国进出口税则（2023）》第八十四、八十五、九十章以及第九十五章税目 9508 项下的商品，“一线”不予免税商品清单内地商品除外。除上述可以实现免税货物外，其他货物进入合作区，均实现保税。免税、保税货物区内流转自由，在适格主体间流转可继续免税或保税。

（二）货物经“二线”从内地进入合作区视同出口，可享受退税政策

根据财税政策，内地经“二线”进入合作区的有关货物视同出口，实行增值税、消费税退税政策，但下列货物不属于退税范围：（1）财政部、国家税务总局规定不适用增值税退（免）税和免税政策的出口货物；（2）内地销往合作区不予退税的其他货物；（3）按照相关规定被取消退税或者免税资格的企业购进的货物。增值税和消费税退税政策的执行时间，以出口货物报关单上注明的出口时间为准。

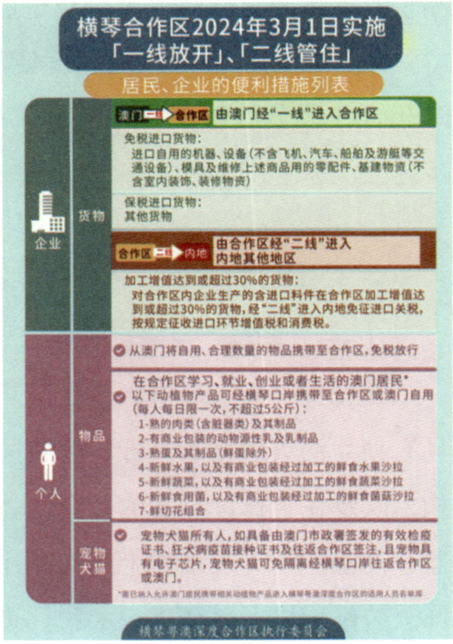

分线管理政策概览

（三）实施加工增值达到或者超过 30% 进口免关税政策

对区内企业生产的含进口料件在合作区加工增值达到或超过 30%

的货物，从合作区进入内地免征进口关税，按实际报验状态征收进口环节增值税、消费税。仅经过掺混（含掺水、稀释等）、更换包装、分拆、组合包装、削尖、简单研磨或者简单切割等一种或多种微小加工或者处理的，以及其他规定应当征收进口关税的，不适用该规定。加工增值达到或超过 30% 的计算公式为：［（货物出区内销价格 －Σ境外进口料件价格 －Σ 境内区外采购料件价格）/（Σ 境外进口料件价格 ＋Σ 境内区外采购料件价格）］×100% ≥ 30%。

（四）自用、合理的物品从“一线”后移至“二线”进行征税监管

对经“一线”进入合作区的个人行李和寄递物品，以自用、合理数量为限且符合有关管理规定，除国家法律、行政法规明确规定不予免税的外，海关予以免税放行。免税放行后的个人行李和寄递物品，可以正常消费使用。经“二线”进入内地时，旅客（非居民旅客除外）携带进境物品不超过 12,000 元的，海关免税放行。非居民旅客携带进境物品不超过 2000 元（含 2000 元）的，海关免税放行。

二、实践成效

分线管理的实施标志着琴澳一体化发展进入全新阶段，合作区税负环境进一步趋同澳门，琴澳之间要素流动更加顺畅，截至 2024 年 9 月，已有 97 家主体获免税进口主体资格，“一线”首单免税货物总值约 13.7 万美元，享受免税近 13 万元人民币。2024 年 6 月 30 日横琴口岸恢复货运车辆通行以来，自 2024 年 7 月 1 日至 9 月 30 日，横琴口岸进出口货物 5.8 万吨，货值 3961.1 万美元。

“二线”通道横琴大桥

三、下一步工作思路

合作区将围绕分线管理政策优化实施等重点，突出实际应用，积极争取落地新一批有实际需求的延续性政策和深化拓展性政策，创新政策的场景和内容，支持横琴合作区跨境电商模式创新，创新对澳门居民公共服务模式，优化横琴合作区许可证件验核和管理模式，深化琴澳出入境检验检疫规则衔接。根据实际情况进一步优化政策执行，充分释放利好、切实惠企惠民，推动琴澳之间物流、客流、资金流、信息流更加高效便捷流动，完善全领域、全链条的整体性防控策略，以制度型开放助力推动琴澳一体化高水平对外开放。

（供稿单位：合作区法律事务局、合作区经济发展局、合作区财政局、拱北海关）

创新“五维一体”分线管理海关监管模式

《横琴方案》明确构建与澳门一体化高水平开放的新体系，货物“一线”放开、“二线”管住、人员进出高度便利。海关立足合作区分线管理特殊监管体制和发展基础，把合作区作为全面深化改革、扩大开放的试验田和先行区，以智慧海关建设、“智关强国”行动为总抓手，坚持“四个一”监管理念，创新分类、风险、信用、协同、智慧“五维一体”监管模式，以制度型开放的生动实践，助力合作区打造具有中国特色、彰显“两制”优势的区域开发示范。

一、主要做法

（一）坚持以制度建设为主线，建设完整规范的海关监管制度体系

海关坚持开门立法，多层次开展专题调研，广泛听取粤澳政府、企业、居民意见，研究出台与合作区发展相适的海关监管制度体系。经过深入研究论证，海关总署于2023年12月出台《中华人民共和国海关对横琴粤澳深度合作区监管办法》，制定8份业务公告、14项海关监管制度，与澳门市政署等部门签署7份跨境合作协议，协同合作区执委会出台19项配套管理制度，通过构建“一部海关监管办法、一系列业务配套公告、一揽子跨境合作协议、一整套关地执行制度”的

分级分类规范体系，确保海关业务高效运行。坚持守正创新，强化政策供给，海关总署出台支持和服务合作区建设的20项措施，制定41项创新措施，首推9项自贸创新项目，集成现有海关优惠政策和创新成果，服务合作区高质量发展。

分类通行之横琴大桥小客车通道

（二）坚持“四个一”监管理念，创新分类、风险、信用、协同、智慧“五维一体”监管模式

跳出传统区域管理思维，科学配载“一二线”海关监管职能，坚持“一站式监管、一二线联动、一码通溯源、一体化管控”监管理念，创新分类、风险、信用、协同、智慧“五维一体”监管模式，做到既“放得活”又“管得住”。

一是推行主体、物资、运输工具分类管理。允许澳门居民携带7大类300多种特定动植物产品入区，设立“新家园”专用通道，便利澳门居民在横琴合作区居住、生活。对琴澳之间进出的免税、保税货物实行“极简”“次简”申报，申报要素最大压缩60%；对“二线”进出区进行差别化制度设计，出区方向管住免（保）税货物及免税物品，入区享惠触发式管理，国内物资自由流动，服务更好利用国内国际两种资源。推动对“二线”通道按货运、客运分类分时段通行，优化行车流线，实行集约高效监管。

二是筑牢一体化防控立体防线。打造海关监管融合监控指挥平台“智慧大脑”，完善“一线—区内—二线”监管链条，应用大数据构建监控分析模型集群，对高风险车辆、人群实施重点管控。推动多部门齐抓共管、构建反走私综合治理机制，打通关地“点对点”联动节点，协同开展“护琴”等专项打击行动。

三是构建“企业+个人”特色信用体系。推行企业自律、顺势管理，推动免税政策享惠主体、商品范围扩大，丰富保税加工、仓储、研发、维修、租赁等功能业态，允许自主选择核销周期、自主办理账册报核，优化“非侵入式”稽（核）查，做到无事不扰；尊重公众通行习惯，常态下允许“二线”人员随车通行，实现快放快行。

四是强化琴澳协同、关地共治。“一线”深化琴澳检验检疫规则衔接，实施供澳冰鲜水产品“三联三同”监管、输内地澳门制造食品安全监管合作等便利化措施；创新“单向查验、信息共享”新范式，实施H986图像信息共享、核辐射监测协作，首创客货车“粤澳联合一站式”监管模式，推行卫生检疫“合作查验，一次放行”，通关效率提升超40%。“二线”联动地方畅顺协同共治，组建关地“5人小组”，健全交通组织、应急处突、安全生产等管理机制，推动部门间数据交换和信息共享，确保通行安全顺畅。

五是智慧引领，建强数智支撑。加大智慧监管手段应用，推行澳门制造进口食品溯源管理，以“一箱一码”链接进出口食品“身份信息”，进口时扫码验证无异常的，给予优先查验等通关便利；应用AI技术首推顶照式智能审图，创新“延时抬杆、智慧验放”机制，部署智能化卡口、优化场区流线，大幅提升车辆通行效率和通关体验；建设澳门内地行邮物品信息平台，推行海关与安检、铁路、水路“一机两检、一次过检”，创新低干预、高效能的行李物品监管模式，实现人员通行高度便利。

上图：海关关员在监控指挥中心综合研判风险
下图：海关关员到企业监管

（三）坚持系统集成，建强“设施＋平台”两类支撑

夯实监管基础，以科技赋能海关业务改革，推动海关监管提质增效，为企业、个人提供优质通关服务，做到通得快、体验好。推动“一线”横琴口岸持续优化升级，30条客货车通道全部开通，随车验放厅正式启用、货运功能恢复，口岸通关全域运行；建成横琴大桥、横琴隧道、深井通道、横琴码头等7个“二线”通道，加大智能化装备应用，建设高效好用硬件支撑。高标准建设横琴合作区海关智慧监管平台，以“四平台＋四应用＋两体系”为数字底座，科技赋能业务改革，通过数字化转型、智能化升级，实现人、车、货、企、物等管理功能集约，

构筑海关监管“智慧体”；推动建设公共服务平台，系统集成通关服务相关功能，强化部门间数据融合共享，超 1500 万条外部数据接入海关大数据池，打造安全、便利、高效的海关智治新生态。

横琴口岸“新家园”便捷通道

二、实践成效

（一）分线管理海关监管体系健全规范、高效运行

2024 年 3 月 1 日，分类、风险、信用、协同、智慧“五维一体”监管模式在横琴合作区落地实施，各项海关业务高效运行，分线管理政策红利稳步释放，得到社会各界积极认可。“一线”日均监管进出境车辆 0.6 万辆次、进出境人员约 6 万人次，整体通关效率提升 50%，琴澳双城生活更加便利。“二线”日均验放出区交通运输工具约 5 万辆次，关地协同机制健全有效，受益于分类通行、智能审图、“延时抬杆、智慧验放”等举措，通行效率明显提升。

海关关员应用融合监控指挥平台调度业务运行

（二）政策赋能服务“四新”产业发展

海关备案企业超 1900 家，免税进口主体达 97 家，免、保、退税业务有序开展，加工增值业务加速筹备，助力科技研发和高端制造，澳门品牌工业、文旅会展商贸等产业加快发展。

三、下一步工作思路

深入贯彻党的二十届三中全会有关重大改革部署，锚定合作区建设目标任务，持续全面深化海关改革，强化琴澳、关地协同，持续深化琴澳监管规则衔接、机制对接，探索更宽领域、更深层次、更大范围跨境合作。持续健全海关法规制度，不断完善“五维一体”监管模式，优化海关促进开放发展机制，全力打造分线管理海关监管制度“样板间”，助力“四新”产业发展和琴澳民生融合，竭尽所能服务促进合作区打造“一国两制”区域开发示范。

（供稿单位：拱北海关）

创新横琴口岸粤澳联合查验模式

横琴口岸查验机制创新是落实国务院“信息互换、监管互认、执法互助”大通关改革、推进琴澳通关便利化的一项具体举措。在国家明确授权将澳门莲花口岸搬迁到横琴口岸后，合作区会同粤澳两地口岸查验单位，在横琴口岸旅检区域创新实施“合作查验，一次放行”、客货车检区域实行“联合一站式”查验，最终实现了旅客、车辆以及随车人员“一次排队、一次查验、一次放行”的通关效果，对全国口岸管理创新提供了借鉴。

一、主要做法

（一）推动旅检“三道门”验放

横琴口岸率先在旅检通道落实“合作查验，一次放行”模式，相较于传统的“两地两检”通关模式，出入境人员无须经过两道关口、接受两次检查，“在一个大厅、排一次队、集中接受一次检查”就可完成内地和澳门双方出入境手续，口岸通关更加高效。横琴口岸旅检大厅出入境人员只需在合作自助通道排一次队，通过第一道门检测出入境证件信息、第二道门核对指纹并进行人脸识别以及第三道门入境方信息核对系统即可实现通关，每一名旅客的平均通关查验时间仅需20秒左右。

横琴口岸旅客过关“合作查验，一次放行”

（二）推动车检“联合一站式”查验

拱北海关、珠海出入境边防检查总站、澳门海关、澳门治安警察局、澳门卫生局5家查验单位在同一卡口通道联合作业，通过“联合一站式”查验系统，首次在同一通关通道、同一查验平台上完成对通关车辆及人员信息的一次采集、同步分发、分别处置、联合验放，实现出入境车辆“一次排队、一次放行”便捷通关。新通关模式在不改变琴澳两地查验单位查验流程的基础上，由系统前端集中读取进出境区域通关设备采集的信息，同步分发至各查验单位，各单位分别查验比对后，再向系统反馈放行指令。横琴口岸客货车联合一站式车道首次在全国范围内将出入境边防检查和海关卫生检疫“合作查验，一次放行”查验模式从旅检通道扩展到车检通道；首次推动内地海关与澳门海关实施H986图像信息共享共用、口岸货运核辐射监测执法协作，实现进出境货车及其所载货物单边机检，图像共享共用，以信息化、智能化提升查验监管服务水平。

横琴口岸小客车区域“联合一站式”查验

（三）推动人员随车验放通关

在口岸出入境客货车通道中轴线位置设立随车人员验放厅，出入境通道各设有 8 条合作快捷查验通道和 3 条人工通道，针对乘坐 9 座以下非营运小型客车的随车人员实施旅检通关和海关卫生检疫“合作查验，一次放行”模式，出境环节采用海关与安检“一机双屏、一次过检”联合检查模式。随车人员在指定区域下车后，无须绕行旅检大厅，均可在随车人员验放厅接受快速查验。

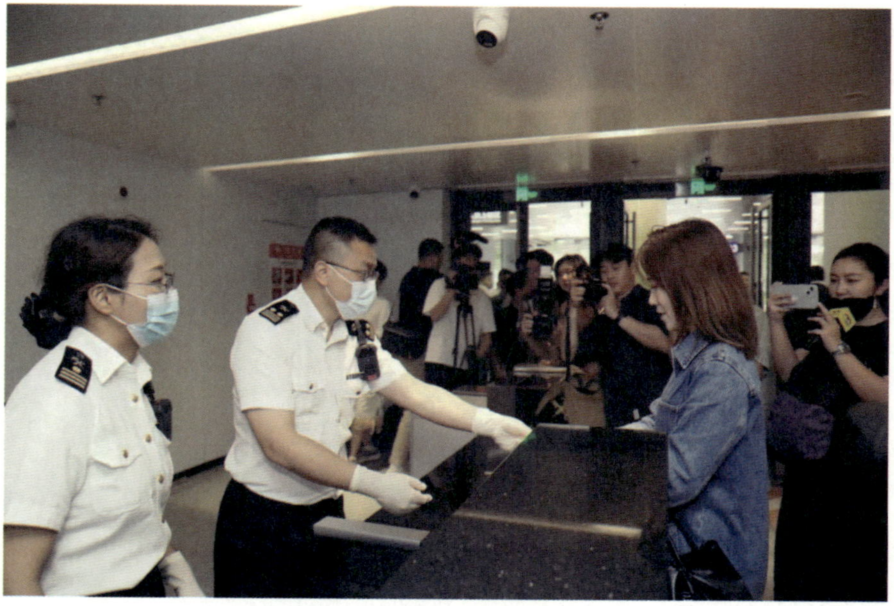

首名旅客在随车人员验放厅通关

二、实践成效

（一）旅客往来更加便利

横琴口岸旅检通道实施“合作查验，一次放行”模式，极大提升了旅检通关效率，便利旅客往返琴澳两地。合作区成立以来至 2024 年 9 月，经横琴口岸出入境的旅客超过 4322 万人次，其中，澳门居民通关占比约 22%。

（二）客货车通关效率全面提高

客货车“粤澳联合一站式”通关模式自启用以来至 2024 年 9 月，验放系统运转良好、运行稳定，累计验放进出境车辆超 223 万辆次，日均验放车辆超 6000 辆次，出入境车辆平均不超 2 分钟，最短 50 秒即可完成粤澳两地出入境查验手续，验放效率提升约 40%，琴澳双城生活更加便利。截至 2024 年 9 月，经横琴口岸车道随车人员验放厅出入境旅客达 54 万人次。

上图 / 下图：横琴口岸货运车辆恢复通行后首票生物医药科技研发货物顺利通关

（三）粤澳通关监管合作不断深化

全国首创“联合一站式”通关模式，推动了“监管互认、执法互助”，两地共同建立车辆查验执法协作机制，研究提出“联合一站式”执法互助、信息共享、现场管理、设备维养、应急处置等方面的合作方案，制定车辆和乘员通关审核标准，优化查验监管流程，细化退运处置办法，有效兼顾衔接两地口岸查验单位的规则和标准，全面深化了粤澳通关便利化合作。

三、下一步工作思路

合作区将进一步深化横琴口岸合作查验创新，探索在澳门轻轨延伸横琴线、过境候机楼、低空运输等多种跨境运输场景下的便利化智能化通关查验模式，进一步推动琴澳间人员、车辆、货物及飞行器等跨境便利通行，将横琴口岸打造成为集高度智能化、便利化、国际化的一流综合口岸。

（供稿单位：合作区经济发展局、拱北海关、珠海出入境边防检查总站）

创新横琴口岸澳方辖区“一次授权、分期生效”

口岸查验机制创新是国家新时期深化改革开放、推进通关便利化的一项重要举措。为了实现琴澳基础设施互联互通，便利两地交通运输、人员往来和经贸活动，粤澳双方政府经报请国务院同意和全国人大常委会授权，推动澳门莲花口岸分阶段搬迁至横琴口岸，并授权在横琴口岸一侧设置澳方管辖区，明确划定区域面积和租赁期限，分阶段实施澳门法律管辖。授权落地后，通关查验模式由“两地两检”变为“一地两检”，成为国家立法保障地方重大创新的生动案例。

一、主要做法

（一）国家授权，设置澳方管辖区

2018年10月以来，珠澳双方政府经协商洽谈，分别就横琴口岸设置澳方管辖区域的范围面积、租赁期限、通关模式以及其他提请中央授权事项达成共识，于2019年6月通过广东省政府、澳门特别行政区政府分别报请国务院研究同意，并提交全国人大常委会对横琴口岸澳方口岸区及相关延伸区法律授权。2019年10月，全国人大常委会出台《全国人民代表大会常务委员会关于授权澳门特别行政区对横琴口岸澳方口岸区及相关延伸区实施管辖的决定》，明确授权区域包括横琴口岸澳方口岸区，莲花大桥和澳门大学连接横琴口岸通道桥相关部分（桥墩除外），以及澳门轻轨延伸至横琴口岸的预留空间，面积共 19.4969 万平方米；澳门特别行政区政府以租赁方式取得横琴口岸澳方口岸区及相关延伸区的使用权，租赁期限自有关区域启用之日起至 2049 年 12 月 19 日止。

上图：横琴口岸　下图：澳门莲花大桥

（二）法治创新，分阶段生效实施

鉴于横琴口岸部分工程建设需在原过渡期临时口岸的场地上拆旧建新、边拆边建、边腾挪转关、边维持通关运行的特殊性，全国人大常委会法律授权因地制宜，对横琴口岸澳方管辖区创新性采用“一次授权、分阶段适用澳门法律管辖”。第一阶段为澳门莲花口岸旅检功能搬迁后对澳门相关旅检功能区域适用澳门法律管辖，经国务院批准，自 2020 年 3 月 18 日零时启用并适用澳门特别行政区法律实施管辖。第二阶段为小客车和货车等车检功能搬迁后对澳门相关客货检口岸区适用澳门法律管辖，经国务院批准，自 2023 年 4 月 20 日零时起启用第二阶段区域（澳门大学连接横琴口岸通道桥除外）并适用澳门特别行政区法律实施管辖，自 2023 年 8 月 1 日零时起澳门大学连接横琴口岸通道桥启用并适用澳门特别行政区法律实施管辖。第三阶段在澳门轻轨建成验收后对相关区域适用澳门法律管辖，经国务院批准，自 2024 年 4 月 1 日零时起启用并适用澳门特别行政区法律实施管辖。实

澳门轻轨延伸横琴项目

行分阶段授权实施，是我国口岸建设采用“一次授权、一次性适用法律管辖”的重要创新，为保障横琴口岸顺利建设和创新通关模式加快落地提供了根本性的法律保障。

莲花站（HE1）月台层

（三）通道创新，实现澳门大学与横琴口岸直连直通

因澳门大学横琴岛新校区建成并适用澳门法律管辖后，与横琴其他区域实行围墙隔离，为使澳门大学广大师生可从澳门大学直达横琴口岸便利通关，不必绕行连通澳门的海底隧道再从澳门进入合作区，横琴口岸澳方管辖区在申请中央授权时，专门设置澳门大学连接横琴口岸的通道桥，实现口岸区域与澳门大学直连直通。该通道桥纳入横琴口岸第二阶段澳方口岸区授权范围，已于2023年8月1日零时起启用并适用澳门特别行政区法律实施管辖。目前，从澳门大学步行到横琴口岸只需几分钟，整个通行时间较以前绕行澳门的路径减少了30分钟。

澳门大学连接横琴口岸通道桥项目设计效果图

二、实践成效

（一）立法保障模式全面落实

自2019年10月获全国人大常委会法律授权后，随着横琴口岸工程建设进展和授权生效条件的逐步成熟，横琴口岸澳方口岸区及相关延伸区从2020年、2023年、2024年分步启用并移交澳门特别行政区政府，已全面移交澳门管辖，全国人大常委会明确的法律授权任务已经全部完成。

（二）通关查验创新模式全面实施

随着横琴口岸工程建设完成和法律授权的落地，横琴口岸旅检、客货车检通道均已全面实施“合作查验，一次放行”的创新通关模式，粤澳口岸查验单位由原来的“两地两检”变为“一地两检”，实现了“背对背”“肩并肩”的联合执法、联合查验，横琴口岸率先实现粤澳合作共管，充分彰显合作区的“两制融合”特色。

（三）琴澳跨境通关便利化水平大幅提升

横琴口岸全面建成和启用通关以来，不管是旅检通道还是客货车检通道，因实行通关新模式，通关效率显著提升，琴澳居民和境内外旅客往返两地均极为便捷，有力提高了琴澳一体化发展水平。截至2024年9月，横琴口岸2024年以来出入境客流总量突破1600万人次，同比增长约40.3%，旅客日均通关量约6万人次，进出境通关车辆约170万辆次，同比增长约9.5%，车辆日均通关量近6200辆次，口岸整体通关能力大幅提升。

三、下一步工作思路

合作区将持续优化横琴口岸相关设施，与粤澳口岸查验单位深化合作，聚焦琴澳跨境通关存在的问题和痛点，不断提升通关能力和便利化水平，致力于创造更优、更快、更便利的通关条件，将横琴口岸打造成为国内最先进最智能最快捷的现代化口岸。

（供稿单位：合作区法律事务局、合作区经济发展局）

首创澳门居民携带动植物产品便利化通关模式

为落实《横琴方案》“为澳门居民在合作区学习、就业、创业、生活提供更加便利的条件，营造趋同澳门的宜居宜业生活环境”的有关要求，合作区执委会会同拱北海关以规则衔接、机制对接为抓手，在农业农村部、海关总署和广东省农业农村厅、海关总署广东分署的支持指导下，推动允许符合条件的澳门居民携带相关动植物产品进入合作区。该政策为全国首创，是为合作区和澳门居民量身定制的利好举措，对推动琴澳一体化发展，支持澳门更好融入国家发展大局具有重大意义。

一、主要做法

（一）围绕“身边事”推动破解“通关难”

根据现行法律、行政法规相关规定，合作区检验检疫监管仍在合作区与澳门之间的“一线”口岸实施，澳门居民往返琴澳随身携带的肉蛋果蔬等动植物及其产品均难以入境，给澳门居民进入合作区便利生活带来诸多不便。针对澳门居民“在横琴工作生活，却连个盒饭都带不过来”的“关键小事”，合作区执委会以问题为导向，委托澳门社团开展澳门居民携带物资通关需求调研，了解澳门居民跨境生活实际需求。

（二）以“小切口”推动检验检疫“精准放开”

合作区执委会会同拱北海关、澳门市政署反复沟通研究，形成建议清单。根据需求清单，由农业农村部、海关总署等国家机关联合组织专家组，综合研究澳门居民实际需求、动植物产品来源及其生物安全风险、合作区区位条件及后续管控措施。经多方研究，在不调整内地现有法律、行政法规，充分考虑合作区生物安全风险防控及通关便利的条件下，就合作区“一线”动植物产品检验检疫监管创新、政策适用主体等事项达成共识，最终确定允许澳门居民可携带熟的肉类（含脏器类）及其制品、有商业包装的动物源性乳及乳制品、熟蛋及其制品（鲜蛋除外）、新鲜水果、新鲜蔬菜、食用菌、鲜切花 7 类及相应重量限制的动植物产品进入合作区。

（三）以“全环节”推动风险防控“管得住”

为筑牢合作区与内地间的生物安全屏障，确保内地生物安全不受影响，合作区和海关从事前、事中、事后三个环节协同抓好对携带动植物产品进入合作区的闭环监管工作，落实落细合作区内动植物疫情疫病及外来物种监测防控，维护国家生物安全。重视源头管控，拱北海关与澳门市政署联合开展动植物疫情疫病监测调查，实现风险源头早发现、早识别、早预警。优化口岸查验，持续提升查验的精度和处置的速度。强化事中、事后监管，合作区执委会、拱北海关明确携带动植物产品进入合作区前的资格申请、登记及通关要求、违规处置措施等，并同步推动信息登记系统建设。同时，制定区内动植物疫情疫病防控工作方案、生活垃圾无害化处理工作方案等配套措施，加强动植物疫情疫病防控，合理布设动植物疫情疫病及外来物种监测点，开展疫情疫病风险分析及研判。

二、实践成效

（一）全国首创动植物产品检验检疫政策创新

此前，澳门居民到合作区所需携带的动植物及其产品，其品类大多受限于《中华人民共和国禁止携带、寄递进境的动植物及其产品和其他检疫物名录》而无法携带进入合作区。在国家、广东省有关部门支持下，合作区执委会与拱北海关联合发布《关于允许澳门居民携带相关动植物产品进入横琴粤澳深度合作区的公告》，允许特定人群携带特定动植物产品经“一线”便利携带进入合作区，实现合作区动植物产品检验检疫监管“从零到一”的突破，这是在现行检验检疫制度下的政策创新，可以最大限度便利澳门居民在合作区居住生活。现已有 3360 名澳门居民申请适用允许携带相关动植物产品进入合作区政策，累计预约登记携带相关动植物产品总量 5806 批次。

上图 / 下图：首位携带动植物产品的澳门居民通过海关查验

（二）推动实现澳门居民携带动植物产品便利往返琴澳两地

顺应琴澳一体化发展需要，澳门特别行政区政府同步推动修订动植物产品携带入境规定，在合作区发布政策后，通过第32/2024号行政长官批示，订定特定的澳门特别行政区居民可自横琴口岸澳方口岸区进口的供个人自用或消费的货物表，与合作区便利携带动植物产品政策相衔接，明确已纳入澳门居民适用人员名单的澳门居民，可经由横琴口岸携带熟的肉类（含脏器类）及其制品、有商业包装的动物源性乳及乳制品、熟蛋及其制品（鲜蛋除外）、新鲜水果、新鲜蔬菜、食用菌、鲜切花7类及相应重量限制的动植物产品返回澳门，无须申请进口准照或作出相关申报，有利于澳门居民在合作区的生活及往来。

（三）成为在合作区学习、就业、创业、生活的澳门居民便利政策的首个场景应用

合作区根据《横琴方案》“为澳门居民在合作区学习、就业、创业、生活提供更加便利的条件”的要求，制定关于在合作区学习、就业、创业、生活的澳门居民适用人员名单管理工作方案，通过横琴粤澳深度合作区智慧口岸公共服务平台，对名单内的“四类”澳门居民进行资格确认工作，兑现动植物产品便利携带政策，该确认后的名单也陆续运用于澳门居民携带宠物多次返回澳门等政策，正逐步丰富适用人员名单应用场景，争取实现一张清单、多场景适用。

三、下一步工作思路

合作区将继续与海关部门加强协作，持续优化澳门居民适用人员资格申请、携带动植物产品登记及现场通关查验模式，做好政策宣传辅导，提高政策的知晓率及覆盖面，进一步便利澳门居民在合作区学习、就业、创业、生活，助力合作区建设成为便利澳门居民生活就业的新家园。

（供稿单位：合作区法律事务局、拱北海关）

首创澳门机动车便利入出横琴

为促进琴澳两地人员流动、一体化发展，粤澳两地政府积极研究推动交通工具跨境便利往来，首创澳门机动车便利入出横琴政策（以下简称澳门单牌车政策）。作为中央惠澳政策之一，澳门单牌车政策实施 8 年来内涵不断丰富，经历放宽申请条件，取消总额限制，实现驾照免试换领，创新车险、车检等配套措施，逐步形成琴澳一体化最具标志性的系统集成范例。

一、主要做法

（一）实行分步推进策略

2016 年粤澳两地政府签署《关于澳门机动车辆入出横琴的协定》，明确"分步实施、有序推进"的开放策略。首阶段政策申请资格条件有需在横琴注册设立公司，且满足在横琴纳税额排名前 100 或者取得横琴土地等特定要求。随着往来琴澳需求日益突出，澳门单牌车政策逐步放宽申请条件和车辆配额，准入数量从政策初期的 400 辆扩增至 10，000 辆，并于 2022 年 8 月 22 日取消总量限制。符合原有标准（在横琴工作、购房及投资等）的澳门居民"即申请即办"，其他年满 18 周岁的澳门居民按每月发放 500 个配额，以"先到先得"方式申请。

（二）构建完善管理模式

（1）开发综合管理系统。开发集申报、审批、备案、信息汇聚等功能于一体的澳门机动车入出横琴综合管理系统，网页端设有“办事指南”“政策法规”“登录”“移动端下载”模块，为澳门企业与居民了解政策、申请办理等提供精准服务。（2）推动数据信息共享。将综合管理系统与公安交管部门、口岸查验单位业务系统建立对接，办事数据自动同步，实现审批、牌证发放部门与口岸查验单位对车辆及其所有人、驾驶员的审批、备案、进出境等数据和信息的共享。（3）加强入出行驶监管。依托横琴口岸“粤澳联合一站式”车道验放系统，粤澳两地五家口岸查验单位实现对通关车辆及人员信息的一次采集、分别处置、联合验放，实时获取车辆进出境信息。同时应用射频和车牌识别技术，在合作区“二线”通道建设汽车电子识别系统与执法取证抓拍系统，对澳门单牌车越界行为实施动态监管。

澳门单牌车便利出入合作区

（三）推动降低成本投入

（1）实施免担保。经横琴口岸入出合作区的澳门单牌车，在合作区未发生超期滞留、超范围行驶、走私违规等情况的，实行免担保措施。

（2）降低保险费率。为降低澳门单牌车车主投保成本，合作区积极协调有关金融机构优化有关政策，于2022年促成澳门单牌车投保内地商业保险保费降低达30%。同时，合作区积极推动参照“澳车北上”投保模式，便利澳门单牌车车主直接在澳门本地保险公司投保内地车险，即在其原来澳门车险的基础上，附加投保一份跨境车辆内地交强险等效保险。

澳门居民在办事窗口办理澳门单牌车业务

（四）简化相关程序环节

（1）免试换领驾驶证。以往澳门单牌车驾驶人需通过内地科目一考试后才能获发内地驾驶证。自2023年5月16日起澳门居民可直接免试换领内地相应准驾车型驾驶证，并且可在澳门“一户通”App线上预约办理相关业务，携带所需资料前往合作区政务服务中心当天办理领取内地机动车驾驶证。（2）入境车检实施“一检两认”。以往澳门单牌车进入横琴，需要上线检测安全性能及进行19项唯一性特征查验。为优化澳门单牌车检验程序，合作区对申请入出横琴的9座（含）

以下的非营运澳门机动车实施“一检两认”措施。对在澳门注册登记8年以内的澳门机动车，仅需进行唯一性特征检验。在澳门注册登记超过8年(含)的澳门机动车,需上线检测安全性能及进行唯一性特征查验。同时，允许采信澳门特别行政区政府部门确认的6个月内的车辆检验合格报告，视其为已通过上线检测安全性能。

二、实践成效

（一）跨境往来更加便利

澳门单牌车政策实施多年，服务内容更加丰富，服务质量明显提升，政策开放力度逐步加大，为澳门居民申请澳门单牌车提供了诸多便利，激发了澳门居民进入内地生活、工作及学习的热情。澳门单牌车每日不限往来次数，年度不限累计停留时长。政策实施第一年，仅37辆澳门单牌车登记，政策多次优化提升后，截至2024年9月，合作区实际在使用的澳门单牌车为7272辆。自合作区成立至2024年9月，经横琴口岸出入的车辆超过511万辆次，其中澳门单牌车通关占比约65%。

（二）联合监管取得成效

依托澳门机动车入出横琴综合管理系统、横琴口岸“粤澳联合一站式”车道验放系统和汽车电子识别系统，实现车辆进出境数据和“二线”越界数据实时共享，做到对违规澳门单牌车及时发现、联动处理，确保对违法违规行为监管到位，可有效防范风险。澳门单牌车的一些经验做法在2023年落地的“澳车北上”“港车北上”政策中也有所借鉴和体现。

澳门单牌车便利入出合作区

（三）审批效率显著提升

通过应用澳门机动车入出横琴综合管理系统，推动各类数据流通连接，打通相关政府部门系统接口，实现公安审批部门、口岸查验单位联合审批、监管，同时实现特殊人才、社保、纳税、不动产、工商等数据共享，系统可自助查询相关澳门居民在琴房产、社保缴纳等信息，显著提升各业务部门审批效率，并为澳门居民提供便捷申办服务。

三、下一步工作思路

合作区将进一步优化澳门机动车入出合作区的政策措施，分阶段研究放开入出合作区的澳门单牌车进入广东省其他区域行驶，争取对经横琴口岸入出内地符合条件的澳门单牌车全部实行免担保，加快推进澳门机动车入出合作区政策优化升级，便利更多澳门居民到横琴工作、生活。

（供稿单位：合作区公安局、合作区经济发展局、合作区法律事务局、拱北海关）

打造免保税货物简化申报新模式

为落实《横琴方案》货物“一线”放开有关安排，海关总署对部分经合作区的对外开放口岸与澳门之间进出的免税、保税货物（以下简称免保税货物）实行简化申报，进出口货物收发货人或其代理人可通过国际贸易“单一窗口”自行选择“极简”“次简”方式予以申报，这成为全国首创且申报要素最少的货物备案模式。

一、主要做法

（一）创新推出“极简”“次简”申报方式

拱北海关按照“货物分类管理”原则，对经合作区的对外开放口岸与澳门之间进出的免保税货物实行简化申报。其中，对不属于监管证件管理且不涉及依法需检验检疫的免保税货物，实行“极简”备案管理，企业可选择“极简”方式申报《中华人民共和国海关进（出）境货物备案清单》（以下简称《进（出）境货物备案清单》）；对涉及监管证件管理或者依法需检验检疫的免保税货物，实行“次简”备案管理，企业可选择“次简”方式申报《进（出）境货物备案清单》。该方式有效减少了企业申报要素，提高了货物申报效率。

海关关员为企业报关员现场讲解进出口货物简化申报政策

（二）大幅缩减填报栏目

拱北海关以高质量服务企业精准申报为导向，结合合作区实际情况，对经合作区的对外开放口岸与澳门之间进出的免保税货物实行简化申报，大幅缩减企业填报栏目。对申报“极简”方式备案管理，企业需填报的栏目，由过去的 49 个减少到 28 个；对申报“次简”方式备案管理，企业仅需要在“极简”申报方式需填报栏目基础上，补充填报许可证号、启运港、经停港 / 指运港、货物存放地点等 4 个栏目，货物备案便利度大幅提升。

（三）明晰不适用简化申报情形

拱北海关以打造企业便利化应用场景为导向，对经合作区的对外开放口岸与澳门之间进出的免保税货物不适用简化申报的情形作精准化规定，对申报地海关不为“横琴海关”、运输方式不为“公路运输”、需出具检验检疫证单的免保税货物、采用“集中申报”方式申报的保税货物和优惠贸易协定项下实施特殊保障措施的农产品出区申请适用协定税率5种情形予以明确不适用简化申报，进一步帮助企业提升申报精准度。

二、实践成效

（一）初步实现货物申报要素与澳门衔接

拱北海关参考澳门进出口货物报关单申报要素，先后多次通过合作区法律事务局与澳门方面相关部门沟通，就合作区货物报关的申报要素开展研究协商，在保证海关监管、统计等基本需要的前提下，最大限度简化“一线”申报要素；大幅简化后需要申报的要素与澳门进出口货物报关单的申报要素数量接近，有利于促进琴澳两地间货物贸易往来，进一步提升通关便利化水平。

（二）申报要素实现大幅简化

根据琴澳发展诉求，拱北海关对《进（出）境货物备案清单》申报要素进行简化。对于符合“极简”申报要求的免保税货物，通过将申报栏目压缩至28项，申报要素由105项减为42项，压缩60%；对于符合“次简”申报要求的，通过将申报栏目压缩至32项，申报要素由105项减为69项，压缩34%。该备案方式属全国首创，是目前国内申报要素最少的《进（出）境货物备案清单》申报模式，获得海关总署和澳门方面的充分肯定。

三、下一步工作思路

拱北海关将持续关注合作区企业关于简化申报业务的诉求，及时解决出现的难点、堵点问题。同时，加强与澳门方面相关部门沟通协作，根据实际情况和企业发展需要，在保持合作区“一线”申报要素相对稳定前提下，按照海关总署工作部署，适时对申报要素予以优化调整。

（供稿单位：拱北海关）

创新进境暂存中转澳门食品检验检疫监管模式

实施“进境暂存中转澳门食品检验检疫”监管模式，是推动澳门相关企业充分利用合作区空间、支持澳门食品行业发展的创新举措。拱北海关联合澳门市政署对进入暂存于合作区再分拨澳门销售的食品，凭澳门官方出具的证明文件准予免检验进入合作区仓储，按企业物流计划分批输往澳门，推动琴澳物流“同城化”，逐步构建起合作区暂存、澳门销售的“前店后仓”业务模式。

一、主要做法

（一）简化食品入区出境查验环节

在食品入区和复运出境环节，海关不实施食品检验，仅进行必要的单证审核、检疫及货物查验。其中，食品入区时，企业凭澳门官方签发的准予货物分批入澳的证明文件、经澳门市政署认可的出口国家（地区）官方卫生证书等即可办理入区手续。食品复运出境澳门时，同样无须检验和出具证书。

（二）优化食品检验检疫手续

放宽对进境横琴暂存中转澳门的食品检验检疫要求，在确保食品及其来源国家或地区获得内地检疫准入的前提下，不再强制性要求产品来自境外注册生产企业，企业只需随附出口国或地区官方出具的检疫证书即可。

（三）推动全程联合监管

拱北海关与澳门市政署对食品的进境、仓储、出境全过程实施联合监管，督促验证企业以及暂存食品满足澳门食品安全相关要求，特别要求符合进境食品区内暂存场所的卫生条件需符合澳门要求，必须取得澳门市政署同意认可。

（四）强化暂存食品定期核查

食品暂存于区内期间，对存放仓库进行定期核查，确保食品在标签标示的保质期内。通过细化日常管理措施，压紧压实仓储企业主体责任，防止超过保质期的食品流向市场。

拱北海关所属横琴海关关员监管横琴大昌行物流中心入仓货物

二、实践成效

（一）助力企业降低物流成本

自该措施落地实施以来，已有肉类、水产品、乳制品等6大类约3221吨食品通过该便利举措暂存进入合作区并分批返澳门，使相关食品在琴澳间通关运输更快、更省时，可让暂存横琴的食品在24小时内送达澳门消费者，并为相关企业大幅降低成本，经测算，相较于在澳门物流仓储费用下降约 40%。

（二）促进琴澳相关行业发展

可为澳门物流、食品等行业市场主体利用合作区的仓储空间，促进琴澳相关产业联动发展。同时，因放宽暂存入区食品种类，进一步便利了境外的肉类、水产品、乳品和大米等“民生”物资入区，能够更好满足澳门民生物资供给需求。

（三）为国内相关探索提供经验

该创新举措拓宽暂存分拨澳门境外肉类、水产品等民生食材来源范围，是食品跨境通关与安全监管领域推进琴澳规则衔接的又一案例，并已纳入海关总署创新案例，为国内开展类似的监管创新提供了经验示范。

三、下一步工作思路

拱北海关将大力推进智慧海关建设，深化与澳门市政署、合作区相关部门的交流合作，加快澳门制造食品跨境流通，进一步服务合作区新家园的建设，为澳门产业多元发展注入新活力。

（供稿单位：拱北海关）

优化卫生检疫“合作查验，一次放行”

为加快落实《横琴方案》提出的人员进出高度便利要求，持续提升琴澳居民跨境通关便利度和体验感，拱北海关与澳门卫生局联合实施通关旅客卫生“合作查验，一次放行”检疫模式，通过建立双方工作信息交换和通报制度，分工合作开展一次性卫生检疫，不断提升通关便利化水平。

一、主要做法

（一）创新跨境联合检疫模式

创新实施“出境方负责公共卫生风险筛查，并将筛查出的风险旅客移交入境方，入境方负责进一步排查处置”跨境联合卫生检疫模式，将原本双方各自独立开展的两次卫生检疫查验，优化为双方合作实施的一次检疫流程。粤澳联检单位在同一查验大厅实施联合查验，取消两地口岸之间的缓冲区，实现“只需排一次队、刷一次证件、接受一次查验（检疫）”，即可快速完成两地各查验单位出入境手续。

（二）建立粤澳跨境协作机制

拱北海关与澳门疾控中心成立联合协调工作组，在横琴口岸现场“点对点”建立“专用交接用房 + 全程闭环通道”，确保高风险旅客排查安全高效；优化“联络官 + 热线电话 + 微信群”实时响应机制，确保跨境协作高效顺畅。海关总署、拱北海关分别与澳门卫生局、疾控中心签署合作备忘录、技术方案并及时动态更新调整，明确职责分工、协作机制等内容，统一粤澳双方作业标准和流程，实现跨境高效对接。

（三）推出“平急转换”应对措施

建立“平急转换”口岸突发公共卫生事件联合应对机制，正常状态下，粤澳双方合作实施常规卫生检疫，强化风险评估、专业培训、应急演练、技术交流等日常合作；在发生“国际关注的突发公共卫生事件”等紧急状态下，根据上级主管部门要求或双方协商一致，采取恢复传统检疫模式等强化措施，最大限度防范口岸公共卫生安全风险。

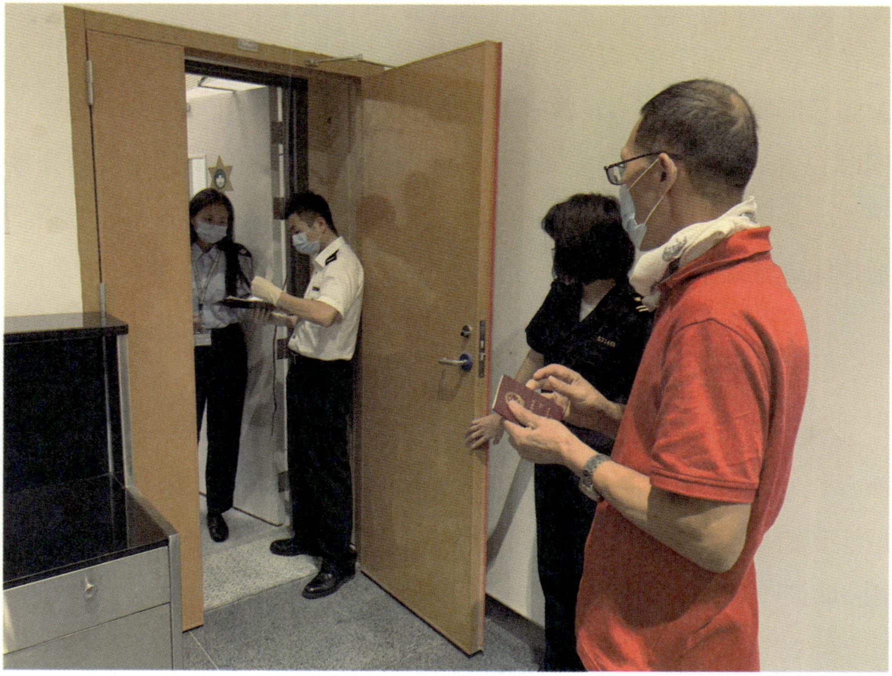

澳门卫生局与海关关员在交接隔离室移交发热病人

二、实践成效

（一）有效节约了监管资源

通过“一机两屏＋专线电话＋工作群组＋联络官”实时响应，将原本由双方各自开展的两次卫生检疫查验简化为双方合作实施的一次卫生检疫流程，有效减少口岸检疫设备和人员的重复配置，实现无异常情况旅客“无感检疫通关”。

（二）持续提升了口岸应急处置能力

在发生“国际关注的突发公共卫生事件”等紧急状态下，粤澳双方联动，迅速采取一系列强化检疫措施，有效防范有关重大疫情跨境传播风险。经比对，实施“合作查验”模式下口岸传染病整体检出率与其他粤澳陆路口岸保持在同一水平。

（三）显著提升了跨境通关效率

无感红外测温、核生化因子监测、可视化监控管理等一流智能化系统可在第一时间获取旅客的通关图像、体表温度及携带物核生化有害因子情况等信息，为正常旅客带来安全便捷的“无干预通关”体验。同时，引入了高带速智能 CT 机，精准识别各类风险物品并自动分拣下线，保障了绝大多数正常旅客快速通关，极大提升了旅客和客货车通道的查验效率。

三、下一步工作思路

合作区将联动粤澳两地口岸单位，持续深化口岸通关卫生检疫创新合作，依托智慧海关建设实现精准、有效监管和最大限度便利，争取实现跨境通关更大范围的数据信息、设施设备和人员配备的共享共用，助推粤澳两地通关效率进一步提升。

（供稿单位：拱北海关）

推动琴澳海关口岸执法联动

推动琴澳海关口岸执法联动是落实《横琴方案》、构建与澳门一体化高水平开放新体系的重要保障。琴澳海关立足合作区分线管理特殊的监管体制，坚持信息互通、执法互助，通过建立协作机制、创新查验模式、共享共用图像信息，打造了提升通关效率、促进要素流动的协同执法样本。

粤澳 5 家口岸查验单位在全国范围内首次于车道采用“合作查验，一次放行”便利通关模式

一、主要做法

（一）建立健全执法协作机制

签订合作备忘录，在动植物及食品检验检疫监管、跨境车辆联合通关查验、设施设备图像信息共享共用等领域建立执法协作机制。围绕信息互换、监管互认、执法互助逐步深化联动合作与创新探索，深化卫生检疫“合作查验，一次放行”，“合作查验”模式从横琴口岸旅检通道拓展到客货车通道；通过采用“各自机检、图像共享”模式，开展“大型集装箱/车辆检查设备图像信息共享共用”“口岸货运核辐射监测”执法协作项目。

海关关员指导司机使用客货车联合一站式系统快速通关

（二）创新车辆协作监管模式

首创客货车“粤澳联合一站式”查验模式，琴澳两地口岸执法单位首次在同一通道、同一平台上完成对通关车辆及人员信息的一次采集、分别处置、联合验放，通过系统前端集中读取进出境区域通关设备采集的信息，同步分发至各查验单位，各单位后台分别查验比对后反馈放行指令，实现通关车辆只需要一次排队、集中采集、联动放行。实施小型乘用车智能机检新模式，通过智能审图系统对图像自动进行识别和预警提示，创新性建立“一车一档”备案库，打通扫描设备端、图像标注终端设备和人工标注移动端之间的数据传输壁垒，实现对小型乘用车的精准监管。

（三）推动设施设备图像信息共享共用

琴澳两地海关采取“各自机检、图像共享”模式，利用各自设于出境查验场的大型集装箱/车辆检查设备，由出境方海关按照自身监管需要，对出境车辆及其所载货物实施机检扫描，并将己方机检图像传输给入境方海关，入境方海关可通过调阅出境方海关的机检图像实施图像分析，避免对同一货车及其所载货物的重复机检，加快货车通关速度。建立口岸货运核辐射监测执法协作机制，琴澳两地海关各自只在出境方安装门户式核辐射监测设备，由出境方海关承担通关货车及其所载货物的核辐射初筛监测职责，通过信息互通、执法互认，实现口岸资源集约高效利用。

二、实践成效

（一）初步实现琴澳执法高效协同

琴澳两地海关在横琴口岸携手探索“单边验放”，实施客货车“粤澳联合一站式”查验模式，推行大型集装箱/车辆检查设备图像信息共享、货运核辐射监测执法协作，实现出境方海关监管结果与入境方海关共享互通，通关环节大幅简化，形成“单向查验、信息共享”新范式。

（二）口岸通关效率显著提升

横琴口岸创新通关查验模式以来，日均进出境车辆0.6万辆次、进出境人员约6万人次，整体通关效率显著提升。“合作查验”模式从旅检大厅拓展至客货车通道，车辆通关体验实现“一次排队、一次停车、一次放行”，海关环节平均验放时间由40秒压缩至23秒。

（三）智能监管赋能精准执法作用初显

智能审图赋能横琴口岸小型乘用车进出境监管，集成关区各口岸机检数据实现互联共享，现场正常通关车辆检查时长缩短约30%，放行时间压缩至4分钟；车辆验放通道设置整合人员体温监测、通关证件校验和生物特征采集的一体化设备，实现人员信息的一次采集验核；自货运核辐射监测执法协作机制运行以来，在横琴口岸开展货车核辐射探测超1180辆次，实现对核辐射报警车辆及其所载货物的智能拦截和验放。

三、下一步工作思路

琴澳两地海关将进一步健全执法协作机制，加强沟通交流与信息共享，持续深化横琴口岸通关监管创新合作，减少对同一货物、车辆的重复检查，提高通关时效，依托智慧海关建设实现精准监管和最大限度通关便利，促进琴澳两地要素高效流动。

（供稿单位：拱北海关）

推出便利澳门居民出入境管理服务措施

为落实《横琴方案》“人员进出高度便利”的安排，国家移民管理局推出一系列支持促进合作区建设发展出入境管理服务的措施，创新便利人员车辆跨境流动的相关措施，保障社会民生，不断提高通关便利化水平，助力琴澳一体化高水平开放发展。

一、主要做法

（一）试行“常旅客”计划

针对经常往返琴澳两地人员占每天出入境人员总量较大的情况，综合考虑出入境规模通关群体构成、口岸现场条件等因素，在出境、入境旅检大厅分别设置“常旅客”通道，对经常往返琴澳两地的商务

横琴口岸开设“常旅客”通道

与公务人员、澳门高校职工等符合条件的出入境人员，提供“常旅客”通关便利安排。

（二）设置跨境学童专用通道

在上学通勤日上午7时至9时启用“学童通道”，支持家长陪同通关及学童独自通关，边检民警专员在对应查验窗口提供快速查验服务。此外，当出现“游学团”等形式时，学生群体需要通关，“学童通道”也可及时启用，并加开3条至4条人工快速查验通道，为学童往返合作区提供便利。

横琴口岸开设学童专用通道

（三）开辟生命救助绿色通道

在澳门居民跨境紧急救助情形下，横琴出入境边防检查站与澳门治安警察局将同时开启“绿色通道”进行验放，提前完成申报，集中办理通关手续，两地救护车可在横琴口岸限定区域内无缝对接和通行，以最快的速度协助患者及随行人员顺利出境，保障患者及时就医。

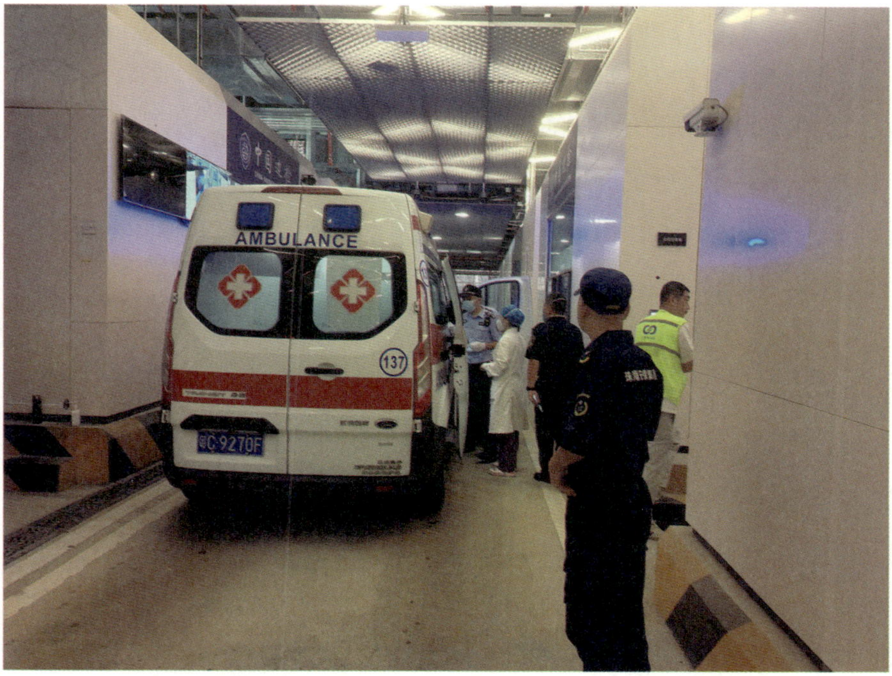

横琴口岸开启救助绿色通道

（四）支持特定群体随车验放

针对老弱病残孕等特定群体通关，推出随车验放便利安排，即10周岁或以下儿童、70周岁或以上长者、孕妇等需扶助的中国公民以及残障人士乘坐非营运车辆在横琴口岸通关，无须绕行旅客检查通道进行查验，直接免下车在出入境车道随车查验通关。

二、实践成效

（一）促进了人员跨境流动高效便捷

在“常旅客”通关方面，通关时间缩短至最快20秒。“常旅客”计划的试行有效提升了往返琴澳两地人员的通关体验，进一步便利两地居民入出合作区，推动琴澳之间人流、车流、物流更加高效便捷流动，让更多澳门居民在横琴享受同城化生活环境。

（二）保障特定群体便利通关

横琴出入境边防检查站坚持以民众所需为出发点，通过跨境学童通道、生命救助绿色通道、随车验放人员等措施，为跨境学童、急救病人、老人、残疾人等特定群体安排优先通关便利，满足特定群体便利往返琴澳的个性化需求，体现了边检机关对两地特定群体的关怀，在守护顺畅通关的同时更促进了两地民心融合。

三、下一步工作思路

合作区将精准对接澳门居民便捷、快速跨境需求，持续深化通关创新，出台更多便利澳门居民出入境服务政策措施，为琴澳一体化发展赋予新的“加速度”。在试行“常旅客”计划方面，推动实行“非接触式”便利查验模式。在跨境学童通关查验方面，探索跨境学童通勤巴士集中通关方式。在跨境救助方面，推动实现两地救护车辆“点对点”接载患者跨境入院。在随车验放方面，进一步试点放宽随车验放的人员范围。

（供稿单位：珠海出入境边防检查总站）

建设中葡经贸合作交流新纽带

为支持我国澳门特别行政区建设中国与葡语国家商贸合作服务平台，在国家税务总局等部门的支持指导下，合作区通过加强与葡语国家多边税收合作，落地葡语国家及地区税收合作办公室（以下简称葡语办），构建常态化对外交流机制，推动形成服务内地和澳门企业“走出去”、葡语国家企业“引进来”的经贸合作纽带。

一、主要做法

（一）设立葡语国家及地区税收合作办公室

经国家税务总局批准同意，葡语办在合作区成立，该办公室是全国首个葡语系国家及地区税收合作办公室，也是目前全国唯一的税收合作办公室。在此基础上，合作区税务部门与澳门中联办、澳门招商投资促进局（原澳门贸促局）、澳门财政局、中葡经贸论坛常设秘书处及澳门会计专业联会等建立常态化沟通合作机制，通过举办琴澳青年进校园税收普法活动、澳门大学生专场“税收开放日”活动，让澳门居民详细了解内地税收政策和税费征管服务。通过编制中国居民赴巴西、莫桑比克、佛得角和葡萄牙投资税收“锦囊”，为企业“走出去”“引进来”提供精细化服务。

在合作区召开税收服务“一带一路”建设合作交流会

（二）深化“一带一路”税收征管合作

合作区税务部门积极参与“一带一路”税收征管能力促进联盟建设，通过选派业务骨干作为师资全程协助制作发布联盟课程体系1.0版。同时，协同“一带一路”税务学院·澳门举办联合跨境培训，对来自7个葡语系国家及地区的23名税务官员就税收征管电子化进行培训。在国家税务总局大力支持下，通过举办“税收服务‘一带一路’建设合作交流会”，与葡语系国家财税官员就共建“一带一路”高质量发展进行深入交流，为高质量共建“一带一路”贡献横琴税务力量。

（三）提供多语种“一对一”专属税务服务

合作区税务部门根据澳门“三文四语”语言环境，积极组织局内外语人才，成立多语种税费服务团队进驻合作区行政服务中心，依托多语种税费服务专窗，12名外语人才可使用英、法、葡、粤等语言为境外投资者提供税务登记、申报认证、发票代开、文书申请等“一对一”专属税务服务，确保“引进来”企业从落户到生产经营所涉的税费服务实现全程无缝衔接。同时，抽调业务骨干进驻合作区“国家海外人才离岸创新创业基地”，通过现场解答、线上直播等方式为境内外企业提供多语种咨询服务 500 余次。

东帝汶税务局官员在葡语办翻看《中国居民赴东帝汶民主共和国投资税收锦囊》

二、实践成效

（一）促进琴澳税务服务信息资源互通

通过构建常态化对外交流机制，有效加强琴澳两地财税部门信息与资源互联互通，为更好地服务澳人澳企，在更深层次拓展琴澳税收合作提供有力支持。同时，对推进琴澳税收领域规则衔接、机制对接，助力琴澳一体化发展，助力澳门经济适度多元发展提供有力保障。

“一带一路”税务学院·澳门在合作区举办联合跨境培训

（二）有效推动与葡语系国家及地区税收交流合作

通过开展“一带一路”税收征管业务交流活动，有效加强合作区与“一带一路”沿线葡语系国家及地区的互动合作，加深了葡语系国家及地区对中国内地税制及创新征管举措的了解，并推动与这些国家及地区在税收治理层面建立更为紧密的合作关系，为高质量共建“一带一路”贡献横琴税务力量。

（三）积极营造便利化税务服务环境

通过组织多语种团队，为境内外企业提供多语种“一对一”专属税务服务，便利了澳门投资者及其他境外人士线上线下办理涉外税费业务，充分展现出合作区税务部门“以纳税人缴费人为中心”的服务理念，塑造出良好的合作区税务服务形象，有助于合作区加快营造国际化的税收营商环境。

三、下一步工作思路

合作区将充分发挥葡语办平台作用，通过锻造复合型多元化高素质人才队伍，推进多语种税费人才服务团队入驻合作区中葡科技交流合作中心，深化与“一带一路”税务学院·澳门合作，进一步完善对葡语国家财税官员联合培训常态化机制，引导琴澳两地金融机构为中葡跨境电商等外贸企业提供便利的结算、融资服务，全面擦亮合作区服务中葡经贸合作交流品牌，助力提升中葡深层次合作水平。

（供稿单位：合作区税务局）

新体制篇

粤澳联合共管新模式

合作区联合共管模式是贯彻落实《横琴方案》、健全粤澳共商共建共管共享新体制的重大举措，是合作区遵照中央赋予的战略定位，发挥“两制”优势，深化行政体制改革、推进区域治理能力现代化的一项全新探索。在中央区域协调发展领导小组领导下，合作区通过组建粤澳联合管理及执行机构，实行经济建设、民生管理等共商共建共管，由广东省派出机构负责党的建设、国家安全、刑事司法、社会治安等属地管理，明晰权责清单，推出工作规则，逐步形成一套行政管理机制衔接顺畅、运行有序、权责清晰的联合共管新模式。

一、主要做法

（一）组建联合共管机构共同管理

粤澳双方联合组建合作区管理委员会（以下简称管委会），实行双主任制，由广东省省长和澳门特别行政区行政长官共同担任，设6名副主任，粤澳双方各派3名。广东省和澳门特别行政区有关单位、珠海市人民政府、中央驻粤相关机构等作为管委会的成员单位。管委会为议事决策机构，主要负责统筹决定合作区的重大规划、重大政策、重大项目和重要人事任免。管委会设秘书处，与执委会合署办公，实行双秘书长制，由广东省政府横琴办主要负责人和执委会主任兼任，副秘书长由执委会行政事务局局长担任。秘书处主要负责管委会的会议筹备、议题管理，以及跟踪协调管委会决定事项的落实等事项。组建合作区执委会，承担合作区建设主体执行责任，负责合作区具体开发建设工作，依法履行国际推介、招商引资、产业导入、土地开发、项目建设、民生管理等相关行政管理和公共服务职能。

（二）优化决策机制和提升运作效能

坚持依法依规、科学民主、充分协商等原则，制定并动态优化《横琴粤澳深度合作区管理委员会议事规则》，细化“四个重大”的内涵，明确“会议决策”和“签批决策”两种决策路径。在具体操作层面上，制定标准化的公文办理流程、会议工作流程，进一步提高管委会签批及会议决策效率。在执委会运行机制方面，优化《横琴粤澳深度合作区执行委员会工作规则》，形成执委会会议、执委会主任、执委会副主任决策事项清单，进一步厘清执委会及各工作机构的事权层级，明确各层级职责权限，切实履行开发建设主体责任。

（三）制定权责清单，规范权力运行

制定《横琴粤澳深度合作区执行委员会工作机构权责清单（2024）》，其中合作区执委会行使各类职权事项6888项，清单进一步明晰权责边界，切实提升合作区管理效率和机构公信力。制定权责清单管理规定，进一步规范和细化合作区政务服务管理事项，推进行政权力公开透明规范运行，促进执委会、广东省派出机构管理规范化、标准化、法治化。

（四）健全央地、粤澳协同机制

合作区成立以来，国家发展改革委、中央港澳办、国务院国资委等部门领导先后多次赴合作区、在京召开专题会议，研究重大政策落地以及央企支持合作区发展工作。中央区域协调发展领导小组办公室（以下简称中央区域办）协调国家部委组建支持合作区建设工作专班，驻合作区一线指导合作区建设发展各项工作。执委会与广东省派出机构就重大事项通报、重要工作衔接协同建立工作机制，明确沟通对接事项范围、对接方式、分工及分歧解决等，并加强日常信息互通共享，

不断提升机构间协同管理效能。珠海市政府、合作区执委会联合印发《珠海市人民政府　横琴粤澳深度合作区执委会关于健全常态化对接沟通机制的方案》，明确在政策支持、产业共建、交通联通、民生服务等领域创新合作，商议合作区需珠海市承接的社会管理、城市管理和民生事务，制定经济特区法规在合作区内实施，建立联合招商收益共享机制等重大事项，协同高效推动合作区加快发展。执委会及各工作机构与广东省各部门、澳门各司局建立直接沟通机制，跨部门直接沟通、协商协作需两地协同配合事项，加快推动工作落实落地。

二、实践成效

（一）开辟了全新的行政管理模式

粤澳共商共建共管共享新体制是一个新的设计与安排。粤澳联合共管新模式是粤澳共商共建共管共享新体制的重大制度创新和具体体现，极具开创性标志意义。这是没有先例可循的实践创新、制度创新、法治创新，充分发挥了“一国两制”显著的制度优势、粤澳综合优势和各自特点，突破性地为推进区域协调发展提供了广阔的实践空间，使得粤澳合作的管理体制更加具体化，为推进国家治理体系和治理能力现代化贡献了全新的制度合作样本。

（二）实现了两地行政管理的深层融合贯通

正如澳门特别行政区行政长官贺一诚先生所讲，“粤澳两地政府共商共管制度并非易事”，“可以想象一下，这是实施资本主义制度的澳门特区政府，和实施社会主义制度的广东省政府融合在一起办公。但经过这三年来的合作，两地政府的同事基本能融合在一起，大家看问题的观点和角度基本能达成共识，这是非常重要的”。合作区实施的融合办公模式是“朝夕相处、共商共建”的具体实践，围绕促进澳门经济适度多元发展这个目标，“有事好商量、有事多商量、有事常商量”，主动靠拢，相向而行。既尊重澳门同事的严谨、重程序、重法律，也发挥内地同事的灵活、务实、高效，使双方的优势能够更好地融合接洽，既有效率，又有规则，更加适应国际化的竞争，实现从磨合到融合的跨越发展。

（三）保障了管理、执行机构高效运作

在中央区域协调发展领导小组的正确领导和中央区域办的具体指导下，管委会层面，建立健全依法依规、科学民主、充分协商的决策机制，优化完善管委会议事规则，简化议事决策流程，强化管委会对执委会的充分授权，建立健全对执委会促进澳门经济适度多元发展工作的督查督办机制。截至2024年9月，管委会已成功召开8次会议，决策了合作区“四个重大”事项近40项。执委会层面，健全执委会工作规则，优化完善执委会工作机构设置，形成了层级管理、权责分明、协同高效的运行机制。截至2024年9月，共召开执委会会议68次，审议决策414项。围绕文件流转、公务出差、人员管理等业务制定30余部规章制度，执委会内部工作流程进一步规范有序。

三、下一步工作思路

合作区将坚守“一国”之本，持续善用“两制”之利，立足澳门和内地两方面的制度优势深化创新，形成创新性的制度架构，实现“1+1 ＞ 2”，确保共商共建共管共享机制高效顺畅运转。

（供稿单位：合作区行政事务局）

探索琴澳规则衔接实施路径

琴澳分属“两制”，法律规则、监管尺度、准入标准、货币体系等存在较大差异。《横琴方案》3次提及“琴澳一体化”、4次提及“与澳门一体化”，规则衔接是琴澳一体化和促进琴澳要素跨境高效便捷流动的重要途径和根本出路。自合作区成立以来，执委会通过建机制解决“持续干”、明路径解决“怎么干”、编清单解决“干什么”、聚合力解决“高效干”，逐步探索走出了一条化解“两制之异”、叠加“两制之利”的规则衔接新路径。

一、主要做法

（一）建机制解决“持续干”

坚持问题导向、目标导向，合作区成立伊始就牵头组建执委会层面跨部门政策研究和规则衔接专责小组（以下简称专责小组），根据工作推进实际需要，灵活机动安排会议时间，执委会领导先后组织召开专责小组会议近30次，研究解决推动琴澳规则衔接机制对接重点疑难事项近100项。专责小组办公室与执委会各工作机构、广东省政府横琴办各处（局）、驻区各单位之间既密切协作又分工明确，推动规则衔接工作统一归口、统筹推进、高效落实。

（二）明路径解决“怎么干”

在研究借鉴国内外规则衔接工作路径的基础上，执委会制定了一系列规则衔接工作指引，提出推动国家立法、申请综合授权、协同立法、法律转化、签署合作协议、单向认可、司法协助、引导以非诉方式解决争议、运用科技手段实现规则与标准衔接等 12 种规则衔接方式为推进琴澳规则衔接工作提供明晰的路径指引。

（三）编清单解决“干什么”

聚焦体制机制、经济管理、市场准入、综合监管、民生服务、城市建设等重点领域，合作区执委会编制年度规则衔接和改革创新事项清单，3 年推出 267 项工作，力争推动解决市场主体和广大居民关心关切的紧迫问题。为更精准服务琴澳居民需求，合作区法律事务局联合澳门法务局，连续 3 年举办“我为琴澳规则衔接献一策”征集活动，征集问题超过 500 件，琴澳居民踊跃参与调研提出的意见建议，为推动琴澳规则衔接机制对接提供重要参考。

2022 年“我为琴澳规则衔接献一策”主题沙龙

（四）聚合力解决“高效干”

推进琴澳规则衔接，离不开中央和国家机关、粤澳成员单位、合作区各部门以及有关各界的广泛参与和支持。合作区各部门在开展规则衔接工作过程中，主动对接国家部委支持横琴合作区建设专班及其成员单位，广东省、澳门特别行政区政府有关部门和有关业界代表等，多方一起探讨创新办法，一起协同发力争取支持，逐步形成“国家部委支持 + 粤澳成员单位指导 + 合作区落实”三位一体共商共研共抓共促的规则衔接工作局面。对涉及澳门特别行政区政府事权的规则衔接事项，合作区按程序向澳门特别行政区政府报告，推动澳门方面调法调规。

二、实践成效

（一）推动琴澳“政策通”

3 年来，合作区已落地 142 项规则衔接和改革创新事项，鼓励类产业目录、个人所得税和企业所得税“双 15%”优惠政策、澳门居民个税优惠政策、“横琴金融 30 条”“海关 20 条”“出入境 8 条”等一批新政先后落地施行，实现商事登记“跨境通办、一地两注”、文旅线路“一程多站”、会展产业“一展两地”、澳门品牌工业“澳门注册 + 横琴生产”，促进澳门产业多元发展聚力成势。合作区澳企澳资保持着快速增长态势，截至 2024 年 9 月，超过 6400 家澳门企业落户合作区，较合作区挂牌前增长 38.34%。

（二）加快琴澳“民生通”

以“澳门新街坊”落成为契机，有序衔接澳门教育、社区服务、医疗等公共服务，“以点带面”加快构建趋同澳门的生活环境。启用全国首个“粤澳社保一窗通”，推动澳门 2024 年度医疗券的使用范围扩大至横琴。保障澳门居民前往合作区发展及生活的双层式社会保障制度权益，支持自 2023 年 3 月起到合作区学习、就业、创业、生活的澳门居民，可向澳门社会保障基金申请将有关期间视为身处澳门的时间。截至2024年9月，在合作区就业生活居住的澳门居民超2万人，在合作区公立医疗机构接受诊疗服务的澳门居民近3万人次，澳门社会组织在合作区累计提供服务近20万人次。

“粤澳社保一窗通”（横琴专窗）

（三）促进琴澳“要素通”

立足合作区分线管理的特殊监管体制，创新人员“合作查验，一次放行”秒通关，推动货物“一线”放开“二线”管住，试点实施多功能自由贸易账户跨境资金自由划转，营造趋同澳门的国际互联网开放环境，不断完善琴澳一体化高水平开放体系，2024年3月1日合作区实行分线管理。自合作区成立至2024年9月，经“一线”横琴口岸出入境旅客超4322万人次、出入境车辆超511万辆次，其中澳门居民、澳门单牌车通关占比分别约22%、65%。

合作区“二线”通道

（四）实现琴澳“服务通”

用足用好珠海经济特区立法权，开展“小切口”立法，允许符合条件的港澳建筑、旅游、15 类澳门医疗人员等专业人士直接在合作区有关部门备案后，即可在合作区执业或提供服务，截至 2024 年 9 月，获得跨境执业资格的港澳专业人士超过 1300 人。粤澳职业技能“一试多证”合作落地横琴，通过考试的粤澳考生可获颁内地职业技能等级证书、澳门职业技能证明书和澳门职业技能认可基准技能证书。横琴公证处“商事登记澳门投资者公证服务专窗”面向澳门投资者率先开展“商事登记＋公证”一体化服务，截至 2024 年 9 月，已办理涉澳公证超 1.2 万件。

三、下一步工作思路

横琴将紧紧围绕促进澳门经济适度多元发展这条主线，深度衔接澳门“1+4”适度多元发展策略，深度对接澳门公共服务和社会保障体系，着力构建与澳门一体化、高水平开放的新体系，不断健全粤澳共商共建共管共享的新体制，加快推进规则衔接机制对接，为合作区走好高质量发展之路提供强有力的制度保障。

（供稿单位：合作区法律事务局）

创新琴澳政务服务新模式

推动琴澳政务服务互联互通是落实国家关于政务服务“一网、一门、一次”改革和促进琴澳一体化的决策部署，让琴澳居民享受“智能化、同城化”政务服务的全新探索。合作区充分发挥行政服务中心的平台作用，积极推动与澳门政务服务机制衔接，创新商事登记“跨境通办、一地两注”、互设自助服务终端、打造澳门服务专区专窗等举措，全面展现了琴澳政务融合的新气象。

一、主要做法

（一）推动“跨境通办、一地两注”

2022年10月，琴澳两地相关部门签署商事登记跨境通办合作纪要，率先试行商事登记“跨境通办、一地两注”机制。分别在琴澳两地开设“跨境通办服务处”，引入公证机关和法律服务等专业机构服务，为投资者提供法律文书互认、远程公证服务、材料跨境交换、落地延伸服务等跨境商事登记全流程办理服务，实现澳门和内地投资者不出境完成跨境商事登记。同时，还面向投资澳门企业的内地投资者提供银行开户和政府事务审批协助，以及投资发展资讯等全套服务，加速两地投资互往准入。

（二）推动澳门政务横琴办理

为优化澳门居民在合作区的政务服务体验，引进澳门“澳证易”

自助服务机、澳门财政局自助服务机和澳门身份证明局自助领证机进驻合作区政务服务中心和智慧税务服务厅，实现澳门居民无须跨境即可在合作区办结政务事项。澳门居民可以在合作区申办领取澳门旅行证件、永久性居民身份证续期等 10 项身份证明类政务事项，以及便捷查询职业税资料、定期税单缴纳状况、更改税务通讯资料等多项税务事项。

合作区政务服务中心引进澳门“澳证易”自助服务机、自助领证机等自助终端

（三）推动横琴政务澳门申办

2023年9月，澳门“一户通”政务服务App首次扩展服务至合作区，澳门居民可通过“一户通”预约办理合作区政务服务中心不动产登记、商标注册等7类业务，解决澳门居民不熟悉内地政务预约平台等问题，全面提升澳门居民在合作区办理行政服务的衔接效率。2024年6月，“一户通”新增办理内地驾驶证、居住证和回乡证3类合作区公安业务的预约功能。目前，“一户通”跨境预约合作区政务服务业务扩展至10个类别，基本覆盖澳门居民常用的内地政务服务。琴澳合作在澳门部署“粤智助”税务智慧柜台，并与内地超2.5万台“粤智助”跨境联动，为澳门居民提供涵盖人社、医保等领域超过200项内地民生服务事项，澳门居民和企业还可通过其搭载的电子税务局、V-Tax平台等服务模块办理包括申报纳税、发票办理和信息查询等内地税费业务。

（四）设立对澳专窗、集成服务

合作区政务服务中心面向澳门企业、居民设置商事登记、粤澳社保一窗通、商事登记澳门投资者公证服务、澳门居民不动产登记服务绿色通道、澳门商标申请人服务专窗、港澳建筑企业及专业人士资格备案服务专窗、澳门药事服务合作区专窗7个高频事项服务专窗，并安排熟悉澳门且熟练使用粤语沟通的工作人员至各服务专窗，便利澳门居民沟通咨询和办理业务，为澳门居民提供更优质、更精细、更高效的服务。

（五）推动文书交换、高效传递

2024年5月，在国家移民管理局、广东省公安厅出入境管理局等共同支持下，“澳琴行政文书交换机制”正式启用，通过明确两地文书规范交换、高效对接、应急处置、指定区域等事项，在不跨境情况下，定点定人定时交换琴澳两地政府部门审批和核准的公务文书、证照、证明文件等资料，促进两地政务服务领域深度合作、服务衔接、咨询共享，为琴澳两地企业、居民提供便利的跨境政务服务。

启用澳琴行政文书交换机制

二、实践成效

（一）实现商事登记跨境通办

商事登记“跨境通办、一地两注”机制破解了以往内地互往澳门准入登记过程中存在的法律制度不熟悉、两地公证效力认可差异、公证困难、跨境办事不便等“痛点”问题，实现投资者足不出境通办两地商事登记全流程业务。自机制启动至2024年9月，已成功服务澳门投资者各类跨境商事登记业务200余宗，其中企业设立申请101宗，已完成设立企业69家，最快3小时可领取营业执照，极大地节约了投资者办理商事登记的时间与经济成本，投资便利化程度大幅提升。

（二）构建无差别政务服务体系

琴澳政务在民生服务、税务申报、行政管理类等多个政务服务领域联动，依托智能化与便捷化的琴澳政务服务创新模式，打破地域界限，实现就地申办跨境业务。合作区积极对照澳门居民办事习惯，营造趋同澳门的政务服务环境，以高效业务办理和优质服务，获得居民高度认可。截至2024年9月，入驻合作区的澳门自助服务机累计提供超500件次服务；超500名澳门居民通过“澳门一户通”线上预约办理合作区政务服务中心相关业务；合作区政务服务中心各澳门服务专窗为澳门居民提供超 4000 次服务。

（三）强化琴澳政务服务合作交流

两地共有 5 个部门首批参与“澳琴行政文书交换机制”，包括澳门 4 个、合作区 1 个，已完成 172 份文书交换。通过建立跨境多部门协调联络机制，深化两地各职能部门沟通协作，实现澳琴行政文书交换机制顺畅高效稳定运行，为强化琴澳政务服务领域合作，推进两地政务服务机制对接奠定良好基础。

三、下一步工作思路

下一步，合作区商事服务局将积极拓宽琴澳跨境政务服务领域范围，推动更多澳门特别行政区政府的政务服务延伸至合作区，为澳门居民提供多渠道、广覆盖、业务多元、便捷高效的“一站式”跨境政务服务，进一步优化澳门居民在合作区生活创业的体验，打造合作区宜居宜业优质生活圈。

（供稿单位：合作区商事服务局）

构建特色“员额制”人事管理制度

“为政之要，惟在得人。”为落实合作区粤澳共商共建共管共享的体制机制安排，加快打造一支与之相适应的高素质专业人才队伍是紧迫之需。合作区坚持广纳贤才、管理灵活、激励导向原则，积极衔接澳门公职人员管理制度，探索构建形成了以“员额制”为主体、彰显琴澳融合特色、极具市场竞争力的人事管理制度体系，吸纳了一批澳门及国内外优秀人才加入合作区执委会及其工作机构，为服务具有澳门特色的“一国两制”实践提供强有力的人才保障。

一、主要做法

（一）制定管理通则

合作区执委会紧扣《横琴方案》有关要求，深入调研学习澳门、香港、新加坡、深圳前海等地人事管理制度，重点对比研究内地与澳门的人事管理、劳动法律制度，以坚持党管干部、“一国两制”为引领，于2022年12月印发了《横琴粤澳深度合作区执行委员会工作人员管理通则（试行）》（以下简称《工作人员管理通则》）。《工作人员管理通则》明确了合作区实行员额制，确定了人事管理的基本原则、员额管理的各项要求、奖罚激励措施等，是合作区执委会在人事管理方面制定的重要规章制度，为合作区构建符合“一国两制”实践要求、具有粤澳融合特色的人事管理体系奠定了基础。

《工作人员管理通则》样本

（二）引入澳门“薪俸点”等系列制度

为适应琴澳一体化发展需求，推动与澳门及国际先进规则有序对接，特别是注重吸纳澳门居民参与合作区执委会工作机构，在研究起草《工作人员管理通则》时，合作区行政事务局学习参考澳门《公务人员职程制度》等澳门公职制度征求澳门行政法务司等相关部门意见，在职程序列、招聘甄选测评、薪俸点制度、年休假等方面充分借鉴澳门公职管理的有关规定，采取与澳门通用的职务名称以及便利面向澳门居民的服务工作理念和模式。

（三）激励考核能进能出

《工作人员管理通则》从市场激励、考核评价两个方面，赋予执委会更加灵活的用人裁量空间，推动形成符合合作区自身发展实际的用人机制。在人才激励方面，结合合作区实际需要，允许对招聘的部分高级岗位员额制工作人员，根据市场行业薪酬水平，实行谈判协议年薪制，确定与其贡献相称的报酬水平，对吸引境内外高端人才具有较大优势。在考核评价方面，对新入职人员严把试用期考核，确保真正选聘到合适的工作人员，从源头处提高员额制人员队伍质量。同时，对所有工作人员采用半年度考核评价机制，做实奖优罚劣，对于考核成绩较差、不胜任工作的工作人员，明确一年考核不称职给予退出，加快形成人员能上能下、能进能出的用人机制。

2023 年员额制工作人员入职培训现场

（四）开展特色化培训

为全面提升员额制及公务人员能力素质，合作区搭建品牌化、高端化、系统化公务人员培训管理体系。创设“琴鸣讲坛”“琴学堂”“在线云课堂”三大培训品牌，引进国内知名专家开展学术交流培训。加强与一流高校培训合作，与中共中央党校（国家行政学院）合办执委会中高级公务人员研修班，与北京大学合作举办“新质生产力”专题培训班，与澳门科技大学合办“合作区四大产业专题培训”。与澳门特别行政区政府建立人员双向交流学习机制，选派 7 名公务人员赴澳门进行在岗交流学习，考察学习澳门相关企业。开展琴澳两地公务人员“共学共事”活动，深化两地人员交流互动。

二、实践成效

（一）建立了特色化的人事制度体系

建立员额制，是合作区在人事管理方面的一项重要创新举措，既符合合作区执委会机构属性和履职要求及其吸引优秀人才、锻造高素质人员队伍的需要，又衔接了澳门公职人员管理制度规则，吸纳了一批澳门优秀青年进入执委会各工作机构中，丰富了粤澳深度合作的内涵。同时，通过开展一系列的琴澳公务人员交流培训活动，增进琴澳公务人员相互理解认同，构建形成了充分彰显琴澳合作特色的人事管理制度，为琴澳一体化发展提供了重要的人力保障。

（二）引入了一批高素质专业人才

为加快集聚具有全球视野的国际化人才，合作区执委会在面向澳门居民进行招聘的同时，专门围绕大健康产业、金融业、文化体育产业、招商引资规划等四类专业岗位，面向全球公开招聘员额制工作人员 54 名，岗位涉及综合行政、法律事务、招商引资、政策研究、统计分析、建筑工程、民生发展等范畴，其中高中级岗位占比 58%。招聘共吸引国内外共 7160 名应聘人员报名，最终聘用的大部分人员为熟悉政府机构运作、具备相关岗位丰富工作经验的优秀人才，能够较快适应执委会工作节奏和匹配岗位职责，该招聘为执委会各工作机构补充了一批专业人才。

2023 年合作区执委会面向全球招聘员额制工作人员笔试现场

（三）吸纳了一批澳门青年人才

为吸纳更多澳门优秀人才，进一步丰富合作区执委会澳门籍员工的元素，促进粤澳深度融合，执委会分别于 2023 年、2024 年组织两批次面向澳门居民招聘合作区执委会员额制工作人员 116 人，岗位涉及信息工程、法律事务、招商策划、监督管理、建筑工程、文学艺术等范畴。招聘工作引起澳门各界的广泛关注，两次招考共有 3356 名澳门青年报名。

三、下一步工作思路

合作区将结合工作实际，进一步优化和完善员额制管理制度，坚持国际视野，持续做好员额制工作人员的招聘招录工作，将更多优秀人才包括澳门青年人才吸引到合作区来。同时，在用人管理上下功夫，加快建立职位能上能下、绩效奖优罚劣、人员能进能出的人员考核管理机制，形成“能者上、优者奖、庸者下、劣者汰”的用人机制，为合作区实现高质量发展提供强有力的人才保障。

（供稿单位：合作区行政事务局）

打造琴澳联动宣传矩阵

创新宣传方式是回应琴澳一体化时代课题的重要举措。自合作区成立以来，重点面向澳门社会各界，通过强化国际传播能力建设，丰富和优化传播形式、传播渠道、传播内容，初步形成琴澳联动宣传矩阵，为讲好合作区故事，传播合作区声音，塑造琴澳一体的城市形象奠定了良好基础。

一、主要做法

（一）宣传机制同频共振

与以往对澳宣传单向发力不同，合作区与澳门特区政府政策宣传协调小组、澳门新闻局、澳门中联办宣文部建立重大选题联动宣传机制，与澳门特别行政区政府以共享联动协同方式开展宣传工作。建立舆论共享机制，由澳门新闻局收集澳门居民关切热点涉及合作区的舆情信息，供合作区相关部门参考应对。联动官媒权威发布，以澳门官方线上平台为媒介宣传合作区重要政策和动态资讯，扩大合作区知名度和影响力。组织媒体深入合作区，推动澳门中联办简化澳门中文媒体赴合作区采访审批流程，并协同澳门中联办、澳门新闻局举办围绕合作区创新创业载体、民生设施、文旅项目发展举办澳门媒体“横琴行”活动，支持澳门媒体感受并报道合作区发展情况。

2023 年 8 月琴澳合作开展第三期澳门中文媒体“横琴行”活动

（二）宣传渠道共享共用

通过深化与澳门媒体合作，拓宽宣传渠道，采用多元形式展现合作区资讯，线上线下结合全方位提升在澳曝光率。优化新闻传播网络，与澳门多家媒体保持常态化联络，并在报纸、App 等平台联合开设多个合作区专栏板块，依托《澳门日报》和澳门广播电视股份有限公司（以下简称澳广视）等澳门龙头媒体资源，以深度文章、专题节目、主题视频等形式加大对澳宣传力度。拓展社会宣传覆盖面，不局限于传统报道宣传，以赴澳举办政策宣讲会、宣介讲座等形式，促进澳门居民准确清晰理解合作区政策；还通过澳门社团宣传媒介、合作区澳门办事处网站专页显示、公交电视媒体播放宣传视频等渠道方式，实现合作区政策、民生等资讯广泛触达澳门居民。打通国际宣传新通道，借助中央广播电视总台欧洲拉美地区语言节目中心葡萄牙语部（以下简称央视总台葡语部）、南方报业传媒集团对外传播中心等中央及广东省重点外宣媒体力量，联络对接澳门的葡文、英文等国际媒体宣传合作区，实现合作区新闻进一步“出海”。

《澳门日报》对合作区的各类资讯及时报道

（三）宣传内容突显“澳味”

为实现澳门居民顺畅把握和理解合作区资讯动态，加强对澳宣传策划，注重挖掘涉澳元素，积极特制对澳宣传内容，提升宣传效果。遵循澳门居民阅读习惯，编辑制作简繁字体文稿、普通话粤语“双语”版本的对澳宣传内容。推动制作符合澳门口味的“图文包”和短视频成为合作区政策发布“标配”，聚焦琴澳居民普遍关心的各类问题，编撰小册子提供关于合作区日常生活的基本讯息，并以“分众施策”的宣传模式，细分受众群体，聚焦不同领域、不同需求的澳门各界人士，差异化精准生产合作区资讯，持续吸引澳门居民关注合作区。

二、实践成效

（一）琴澳携手打破宣传壁垒

琴澳联动宣传机制的建立，打破了合作区对澳宣传的跨境壁垒，极大地促进澳门官方与各界代表聚焦合作区，以及激发对合作区的新闻报道和评论的热情，在澳门社会形成了对合作区动态持续且常态化的宣传报道。在与澳门特区政府政策宣传协调小组、澳门新闻局围绕合作区“发展促进条例”“金融 30 条”“澳门医疗人员、药学技术人员跨境执业”“横琴合作区两周年”“分线管理”等政策协同宣传中，澳门媒体及各界代表呈现了丰富的政策解读、表态反响和成效报道。澳门新闻局不定期对接分享“深合区舆情情况专报”，便利了合作区就澳门社会关切开展正确舆论引导工作，助力合作区打造宣传热点，塑造良好形象。澳门官方公众号“澳门政府资讯”“澳门特区发布”突破性开设“深合区动态”栏目，设立至今共发布横琴合作区资讯超 400 条，实现合作区最新动态广泛对澳推送，形成信息传播合力。

（二）形成立体化宣传格局

合作区联合澳媒加强宣传力度，显著提高国际传播能力。2022 年和 2023 年，涉及合作区的澳门报道量分别同比增长 26% 和 33%。在澳宣传渠道得以进一步拓展。助力澳广视在合作区设立首个内地记者站，实现澳广视月均发布合作区资讯近 100 条，覆盖澳门 60 多万以及广东省广电网络逾 1400 万用户。与《澳门日报》联合开设“感受横琴”专栏，合作策划宣传内容，精准宣介合作区政策等重点事项，联合拍摄的系列“感受横琴”主题视频平均播放量超 5000 条。以横琴合作区两周年及“澳门新街坊”项目建成开售为切入点，大规模开展澳门社会面宣传，通过公交电视媒体投放短视频 20 个，每周曝光超过 180 万人次，实现横琴合作区话题走入澳门居民生活日常。多形式开展宣介活动。围绕“分线管理”实施，联合澳门中华总商会、工会联合总会等骨干社团开展 5 场宣介活动，面对面宣介横琴合作区政策利好。联合澳门中联办、澳门新闻局组织4场澳门中葡英媒体“横琴行”活动，累计百名澳门记者实地“打卡”，深入了解合作区发展情况，并推出系列生动报道。开启葡语国家宣传新篇章，在合作区两周年之际与央视总台葡语部策划发布中葡双语视频述评报道《一路求索、一路创新 粤港澳大湾区为世界带来发展新机遇》，获巴西主流日报官网及YouTube账号、葡萄牙“中国观察”Facebook账号转载，在巴西的旗手电视台、澳广视葡文频道大屏落地播出，覆盖巴西受众超过1亿人。

（三）对澳宣传深入人心

通过定制对澳宣传内容，消弭内地与澳门在新闻报道方面话语体系、惯用语言等相关差异，提升对澳宣传的量与质。围绕琴澳民生融合、澳人澳企进横琴等主题，策划编撰发布的《横琴生活锦囊知多D》《澳门居民和澳门企业通关事项知多D》等小册子，便利了澳门居民在合作区生活创业。发布超千篇新闻通稿维持高频率传播，统筹制作对澳简繁体“图文包”和双语短视频物料超过200个，以生动的内容加深澳门居民对合作区的了解，并且充分利用五一、国庆、春节等公众假期及水舞光影秀、横琴马拉松、网球赛事等文体品牌活动举办契机，加强合作区文旅主题宣传，吸引澳门居民前往合作区、了解合作区。

三、下一步工作思路

合作区将以讲好横琴合作区故事、展示“一国两制”实践新成效为目标，持续强化联动宣传机制，不断开拓澳门全媒体传播渠道，积极提升宣传内容吸引力，通过多元展示、良性互动不断增强宣传效果，不断提高塑造合作区形象、提升国际传播力的能力水平，全力开创对澳宣传新局面。

（供稿单位：合作区行政事务局）

创新促进澳门经济适度多元的常态化评估机制

建立常态化评估机制是全面反映合作区促进澳门经济适度多元发展成效的制度安排。在中央区域办、国家统计局及粤澳统计部门的共同指导支持下，合作区通过探索内地与澳门统计规则制度衔接，创新国民经济相关数据统计方式，研究编制合作区促进澳门经济适度多元发展指标体系，建立统计咨询委员会，引入第三方机构开展年度评估，为准确客观评估合作区对促进澳门经济适度多元发展的贡献创造条件。

一、主要做法

（一）创设特色统计指标体系

合作区聚焦促进澳门经济适度多元发展的重大任务、重点领域和重要方面，突破传统统计指标限制，创新设置充分体现澳门元素、横琴特色的综合性多元发展指标，设置了 2 个一级指标、6 个二级指标、24 个三级指标，其中既包括反映合作区创新要素集聚、“四新”产业发展与澳门产业协同发展情况的经济类指标，也包括反映琴澳空间拓展、跨境流动与公共服务一体化的融合类指标。研究编制能够全面综合反映合作区促进澳门经济适度多元发展的指标体系，并设置动态调整机制，为评估监测合作区建设发展和琴澳一体化发展成效提供了重要的量化评价支撑。

横琴粤澳深度合作区管理委员会秘书处文件

粤澳深合管秘〔2024〕8号

关于印发《横琴粤澳深度合作区促进澳门经济适度多元发展指标体系》的通知

横琴粤澳深度合作区管理委员会各成员单位：

《横琴粤澳深度合作区促进澳门经济适度多元发展指标体系》已经横琴粤澳深度合作区管理委员会第七次会议审议通过。现印发给你们，请认真贯彻执行。执行中遇到的问题，请径向合作区统计局反映。

横琴粤澳深度合作区管理委员会秘书处

2024年4月10日

编制《横琴粤澳深度合作区促进澳门经济适度多元发展指标体系》

（二）组建合作区统计咨询委员会

为确保合作区常态化评估的科学性、权威性，合作区借鉴澳门特别行政区统计咨询委员会的有关经验做法，推动成立了合作区统计咨询委员会，为合作区促进澳门经济多元发展统计评估工作提供高水平的咨询指导。首届统计咨询委员会由24名粤澳双方相关领域专业人士组成，其中有11名专业从事统计科研教育的澳门专家、澳门特别行政区政府相关部门领导、“四新”产业的澳资企业家、澳门有关行会商会协会社团的代表，充分体现了促进粤澳深度合作、汇聚两方智慧民意的特色。

（三）引入高水平第三方开展年度评估

为高质量开展好合作区常态化评估，将合作区促进澳门经济多元发展的实际成效真实客观地反映出来，在中央有关部门、广东省有关部门的指导下，合作区执委会在常态化评估机制中引入第三方，由具备相关资质的第三方机构或团队独立开展评估工作，明确由中央智囊、内地顶级智库与澳门高校智库组建联合课题组共同开展年度评估，进而将行政干预因素降到最小，确保评估结果独立客观。年度评估报告通过统计咨询委员会会议评审通过后，按程序上报中央区域办。

（四）衔接澳门统计规则

为推动统计工作更好服务促进澳门经济多元发展，琴澳两地统计部门实行“一地两统、结果双用”统计规则衔接机制，围绕合作区澳资企业经营贡献在琴澳的共享方式进行创新，在确定将合作区澳资企业增加值纳入合作区地区生产总值的同时，将合作区澳资企业投资收益纳入澳门特别行政区本地居民总收入（GNI），由澳门统计暨普查局进行最终统一核算。通过创新开展统计调查，克服琴澳两地财务记账方法及统计制度差异，梳理汇总澳门居民职工薪酬、澳门股东分配股息及红利、应收澳门直接投资者款项等超200项指标，以及合作区5000多家澳资企业的再投资收益，形成澳资企业雇用澳门居民及股东情况、澳资企业对澳门个人和企业债权和债务情况调查数据，经核算后直接计入澳门的GNI，实现了琴澳相关统计数据共享共用。

二、实践成效

（一）统计指标“指挥棒”作用初步显现

编制形成的《横琴粤澳深度合作区促进澳门经济适度多元发展指标体系》和常态化评估，有利于真实客观及时反映合作区在促进澳门经济多元发展方面的实际成效，已经成为指导和推动合作区各级各部门做好各项工作的重要指针，发展“指挥棒”的功能充分显现，推动合作区发展更加聚焦初心使命，不断促进“四新”产业发展、琴澳民生融合、跨境便利通关等工作取得新进展新成效，让澳门居民、澳资企业切实感受到合作区的变化与活力。

（二）促进了琴澳统计规则有效衔接

创新优化《横琴粤澳深度合作区促进澳门经济适度多元发展指标体系》，开展常态化评估，均是在琴澳两地统计部门的密切配合下完成的，两地统计部门为评估监测两地深度融合、联动发展成效提供有效数据，围绕合作区“四新”产业增加值、澳资企业增加值、澳资企业投资要素收益、在合作区生活居住的澳门居民数等特色指标进行统计方式创新，在统计工作和统计规则衔接上取得积极成效。

（三）统计咨询委员会作用有效发挥

合作区统计咨询委员会成立后，已召开两次重要会议，完成了《横琴粤澳深度合作区促进澳门经济适度多元发展指标体系》赋权、首份评估报告及《横琴粤澳深度合作区促进澳门经济适度多元发展指标体系》修订稿评审等工作。粤澳专家委员对首份评估报告、《横琴粤澳深度合作区促进澳门经济适度多元发展指标体系》以及“合作区促进澳门经济适度多元发展”等提出的相关意见建议，均已被吸纳和转化到合作区的有关工作和具体举措中，有力促进合作区常态化评估机制发挥积极作用。

合作区统计咨询委员会召开第二次会议

三、下一步工作思路

合作区将进一步建立健全常态化评估机制，结合合作区发展建设实际，充分吸纳各方意见建议，动态优化调整《横琴粤澳深度合作区促进澳门经济适度多元发展指标体系》，为常态化评估提供有力支撑。充分发挥统计咨询委员会专业指导作用，持续做好第三方评估，高质量开展常态化评估工作，更好服务于合作区发展建设，为促进澳门经济适度多元发展发挥积极作用。

（供稿单位：合作区统计局）

构建与澳门衔接的规划体系

为落实《横琴方案》与澳门一体化发展要求，合作区通过搭建琴澳协同规划工作机制、琴澳一体的规划共识和思路、琴澳融合的规划标准和习惯，加快形成以空间布局有机融合、多元产业协同发展、城市交通互联互通、公共设施高效衔接、生态环境共保共享等为目标的琴澳一体规划体系。

一、主要做法

（一）建立琴澳双方密切协同的规划工作机制

琴澳两地规划主管部门建立了常态化协同机制，执委会粤澳双方工作人员深度参与横琴各项规划及相关标准编制，针对规划中涉及的重大事项和问题，由粤澳双方共同审议决策。规划及标准的制定全过程、多渠道听取澳门各方意见，邀请澳方技术团队深度参与编制，并通过公开方式征求澳门社会各界意见和建议。规划和标准成果草案成熟后专门征求澳门特别行政区政府意见，保障横琴所有规划充分体现澳门关切。

（二）采取琴澳一体的规划共识和思路

合作区总体发展规划、国土空间规划、若干专项规划和一系列城市规划建设标准，均以促进琴澳一体为总体原则，空间上旨在打造与澳门高度融合的城市空间，突出琴澳“一河两岸”融合互动；产业上聚焦促进澳门经济适度多元发展“四新”产业，支持澳资澳企，特别是澳门特色品牌工业拓展发展空间；交通上全面构建琴澳同城的海陆空立体交通体系，持续拓展琴澳联通渠道，强化关键节点联通功能；公共设施上以琴澳两地人口共同需求为测算标准，促进公共服务和社会保障体系与澳门有序衔接；生态环境上坚持生态共同管养、污染联合防治，合力建设生态文明样本城市，共同助力国家面向“一带一路”葡语系国家输出绿色低碳技术、产品和服务。

（三）推动规划建设硬标准、软习惯充分融合

深入开展水电气等市政公用设施和防灾减灾设施领域琴澳标准比较研究，明确两地建设标准差异，融合两地优势出台横琴特色建设指引。加快推进琴澳土地供应和管理，工程项目审批、造价、施工等领域制度比较研究，推动出台融合琴澳特色的创新性规划建设管理措施。深入研究澳门城市空间特色和城市生活环境，在合作区导入与澳门相似的空间尺度和城市意象，营造澳门居民熟悉的工作和生活环境。

二、实践成效

（一）以《横琴粤澳深度合作区总体发展规划》为牵引的重大规划陆续印发

在粤澳双方密切配合下，《横琴粤澳深度合作区总体发展规划》经国务院批复印发，国土空间总体规划已经管委会研究同意，国土空间详细规划、重点片区城市设计、智慧城市等专项规划已形成初步成果，建筑工程质量管理、经营性土地供应、国有空闲地管理、社区治理模式创新等琴澳规则衔接专项工作有序推进，一体化、精细化、信息化城市规划编制与管理体系加快完善。

（二）“山水琴澳岛·合美新家园”一体化城市空间格局初现

在《横琴粤澳深度合作区总体发展规划》的指引下，“十字轴带、

三大片区”的琴澳一体化总体发展格局和“一环双核”生态安全格局加快形成。沿天沐河串联琴澳的创新载体、产业空间、公共服务平台要素不断丰富，沿十字门水道横琴口岸、澳门大学、横琴码头、金融岛等环澳核心空间集聚程度不断提升，融合互动的琴澳“一河两岸”合作轴带不断丰满。

（三）产业、交通、公共服务和生态全方位协同发展程度不断加深

产业发展方面，“四新”产业高度协同澳门“1+4”产业体系，围绕支持澳门经济适度多元发展目标，形成了澳门品牌工业、琴澳康养、澳门青年创业等特色产业单元，预留支持澳门高校设立分校或与国内外一流教育机构联合办学的空间单元。交通体系方面，搭建海陆空无缝衔接澳门的同城化交通体系，横琴口岸功能不断完善，通关效率持续提升，澳门机动车进入横琴数量持续增加，琴澳互联互通方式更加丰富。公共服务方面，支持澳门青年就业创业的服务载体不断增加，深度衔接澳门的教育、医疗资源供给显著增加，彰显琴澳特色文化体育、社会民生服务项目不断呈现。生态环境方面，琴澳联合制定生态管养目标和碳中和目标，共建琴澳红树林湿地进程加快，“氹仔—路环—横琴”“一河两岸”红树林带修复成果逐步显现，国际绿色能源认证中心、横琴数字零碳岛共享实验室等平台加快落地。

（四）标准、习惯衔接，加快塑造趋同澳门的宜居环境

市政服务方面，参考珠海市地方标准和现行管理做法，结合《澳门供排水规章》，编制形成合作区排水设施建设和运维技术指引。社区环境方面，空间尺度参照澳门小街区密路网模式，打造5分钟、10分钟、15分钟多层次便利生活圈，民生与公共服务高度还原澳门特色，商业街、学校、卫生站、长者服务中心等配套对标澳门，打造符合澳门标准的儿童游乐及健身区域，结合澳门生活习惯开展垃圾分类工作，设定合理的垃圾分类投放时间，降低澳门居民适应门槛，建设对澳友

好的社区邻里单元。空间意象方面，广泛吸纳澳门元素，建筑风貌、景观小品、城市家具等融合莲花、葡式建筑、澳门标志性建筑形象等要素，营造国际范、琴澳风城市气质。

三、下一步工作思路

合作区将持续加强与澳门在规划领域的协同，加快完成国土空间详细规划和各专项规划编制，为琴澳一体的城市空间建设提供指引。持续深化软硬标准联通，重点在市政设施建设、公园管养、公共服务运营、城市意象营造等领域吸收更多澳门元素，提升整体城市空间品质，打造高品质琴澳同城化生活空间。

（供稿单位：合作区城市规划和建设局、合作区统计局）

法治保障篇

依托琴澳国际法务集聚区创新跨境法律服务

推动公共法律服务机构集聚发展是落实《横琴方案》承载更大制度型开放、彰显合作区法治形象、展现合作区良好法治化营商环境的重要举措。琴澳国际法务集聚区在空间上聚合了仲裁、调解、公证、咨询、研究等一系列精准化跨境法律服务，实现了公共法律服务资源集中供给，取得“1+1 ＞ 2”的协同效应。通过建立涉外法律服务、琴澳仲裁、跨境公证服务等平台，聚力打造琴澳跨境法律服务一站式新模式，系统性满足了琴澳两地居民、企业多样化、多层次的跨境法律服务需求。

一、主要做法

（一）建立一站式涉外法律服务平台

成立横琴珠港澳（涉外）公共法律服务中心，设有涉外业务接待、涉外律师服务、涉外法律交流、涉外法治培训、涉外法治宣传等功能区域，成立由120名珠（琴）港澳律师、26名涉外公证员、233名珠（琴）澳调解员组成的法律服务团，为港澳企业、居民等提供优质公共法律服务。依托珠海市调解协会，推动出台《关于港澳籍调解员在珠海市调解协会备案管理的规定》，创新探索对区域内对外提供调解服务的港澳籍调解员进行备案和规范化管理，发出国内首批珠海、横琴、港澳籍调解员电子证照，并纳入涉外调解员专家库，推动电子证照跨地区、跨部门互通互认互用。首创“你问我答”粤澳法律直播间、粤澳法治讲坛、“咖啡＋茶”涉外调解工作法、“一中心两基地”涉外法治人才培养模式等“横琴公共法律服务”湾区品牌项目，推动形成合作区涉外法治品牌矩阵。签约挂牌成立“司法部公证理论与人才培训基地粤澳公证与实践教学中心”“司法部调解理论与人才培训基地湾区实践中心”“粤澳涉外纠纷调解中心”等21个合作共建平台，汇集高端、优质的粤港澳三地法律服务资源。

横琴珠港澳（涉外）公共法律服务中心“你问我答”粤澳法律直播间

（二）搭建琴澳仲裁合作平台

发布《横琴粤澳深度合作区商事仲裁适用法律指引》，明确合作区当事人可自主约定选择内地或澳门民商事法律、通过仲裁解决合同争议，或者约定选择内地或澳门法律确定仲裁协议效力和仲裁管辖权；在名册外选定仲裁员、友好仲裁、内部上诉机制、临时措施、紧急仲裁员、初步命令、临时仲裁等一系列趋同港澳、对标国际的先进仲裁机制上，明确了适用规则，对合作区建设更完善的多元纠纷解决体系实现了机制突破。推动琴澳仲裁法律服务互融互通，搭建全国首个跨境仲裁合作平台，遵循琴澳双方共商、共建、共管、共享原则，双方共享办案秘书、庭审场地等配套服务，共同向境内外市场主体宣传推广仲裁。同时，澳门仲裁机构可以在合作区以自身名义受理案件，完成从立案到结案全流程仲裁工作，运用澳门法律办理仲裁案件，解决涉澳经贸纠纷。

（三）建设高效便捷商事调解平台

挂牌成立横琴国际商事调解中心，选聘首批调解员 129 名，其中，澳门调解员 23 名。参考国际通行的调解规则，发布《横琴国际商事调解中心调解规则》，对调解适用范围、调解程序、调解费用、调解效力等进行规范，并首创调解程序召集人制度，对于重大、疑难案件或者在认定事实、适用法律、专业领域、技术因素、工作语言等方面有较大难度的案件，经各方当事人同意，可以选定或指定多名调解员参加调解；选定或指定多名调解员的，可以由调解员共同推选其中一名作为调解程序的召集人。已与境外及大湾区多家调解机构建立联合调解机制，经当事人同意，该调解中心可以与其他争议解决机构进行联合调解。与横琴公证处签署合作备忘录，当事人可以向公证机关申请办理具有强制执行效力的债权文书公证，积极探索“公证＋调解”的矛盾纠纷多元化解新模式。与合作区人民法院在诉调对接和司法确认方面开展业务协同联动，实现案件在调解、诉讼程序上的衔接。与珠海国际仲裁院（横琴国际仲裁中心）达成调裁对接协议，珠海国际仲裁院（横琴国际仲裁中心）对经该调解中心调解达成调解协议后申请仲裁确认的案件，大幅减收当事人的仲裁费用。

商事登记澳门投资者公证服务专窗

（四）建设便捷化跨境公证服务平台

设立“商事登记澳门投资者公证服务专窗”，在全国率先开展“商事登记＋公证”服务，指派专职公证人员定点为澳门企业投资者提供涉澳公证咨询接办，以及提供跨境免费代办公证核验服务，实现澳门企业投资者办理商事登记“一门进入、一次办好”。推出“远程视频办证”服务，利用视频连线等技术，实现身份核实、材料审核和签字确认等工作在线完成，形成“一次都不跑”的便民服务模式。建立“社区公证员”队伍，将公证服务前移到有城市更新项目的街道社区，通过上门办证、巡回办证、蹲点办证、定点值班等形式，做实、做强社区公证服务品牌，打通服务群众“最后一米”。

（五）搭建跨境劳动争议解纷平台

合作区劳动仲裁院设置港澳服务专窗，安排专人驻点，实现涉港澳案件即来即调，高效便民。创新聘任6名港澳籍兼职劳动仲裁员参与劳动仲裁案件审理。与澳门中华总商会广东办事处共同设立“金莲花”

琴澳用工法律宣导站，创新实行“粤澳双站长 + 专家库 + 志愿者”的全新服务模式。自助研发“云庭审”“云调解”系统，实现线上全流程调处案件，澳门居民足不出户便可跨境参与劳动仲裁案件庭审和调解。

（六）打造涉澳法律援助服务平台

推动法律援助领域规则衔接，将港澳居民在合作区申请法律援助可以适用港澳有关司法援助受理标准的条款写入《横琴粤澳深度合作区发展促进条例》。制定出台《横琴粤澳深度合作区港澳居民法律援助工作规定（试行）》，率先明确港澳居民“经济困难”适用标准，澳门居民经济状况如不超过澳门《司法援助的一般制度》关于经济能力不足认定的标准，香港居民经济状况如不超过香港《法律援助条例》第Ⅱ部第 5 条规定的财务资源的 75%，即可在合作区申请法律援助。依托横琴珠港澳（涉外）公共法律服务中心，为港澳居民提供法律咨询、代拟法律文书、律师代理等全方位法律援助服务。

（七）打造特色化法律政策咨询平台

培育法治研究高端智库，以珠海经济特区法治协同创新中心与合作区创新发展研究院为支撑，同步落地和揭牌“中国社会科学院全面依法治国智库横琴基地”“中国社会科学院大学法学院涉外法治调研基地”，共同服务于合作区法治创新需要。推动开展关于琴澳共建法律查明中心、探索行政异议工作机制、助推涉澳公证便利化等一系列法律规则衔接研究，形成数篇具有一定深度和前瞻性的决策参考，为合作区推动具体工作、明晰实施路径提供参考。

二、实践成效

（一）搭建法律服务机构集聚发展“一平台”

琴澳国际法务集聚区提供了一个琴澳法律业界全新的相互交流、增进了解、深化合作的融合平台，更加便利琴澳珠三地跨境公共法律资源共建共享共用，已逐步成为合作区服务澳门和展示公共法律服务形象的重要窗口。2023年至2024年9月，集聚区举办各类研讨会、沙龙、讲座、模拟仲裁庭、直播课、高端论坛等“线上线下”法律活动超过380场。随着琴澳珠三地联合举办法律活动成为常态，三地法律业界对琴澳一体相关问题的研究更加深入，服务琴澳一体的共识更加浓厚，集聚区在澳门和广东省内区域已具有较高知名度，广受关注。

（二）形成特色法律专业服务“一条链”

琴澳国际法务集聚区提供了商事调解、商事仲裁公证、涉外法律咨询、法律研究、法律交流、法律培训等公共法律服务，可“一站式”解决居民和企业公共法律服务需求。琴澳国际法务集聚区还汇聚了一批熟悉澳门法律规则的澳门籍律师、仲裁员、调解员，可以更好地满足澳资企业、澳门居民多元化的法律服务需求。2023年至2024年9月，集聚区入驻办公人数超过220人，为居民提供法律服务超过6.7万人次，服务市场主体超过7000家；横琴国际仲裁中心案件标的额超过252亿元，比挂牌前（2022年）增长约710%；横琴国际商事调解从无到有，调解案件标的额超过132亿元。

（三）织密法治保障“一张网”

琴澳国际法务集聚区将非诉解决纠纷挺在前面，持续探索琴澳法治融合新路径，为琴澳珠三地企业、居民提供更全面、更完善的争议解决服务，为合作区发展提供坚实的法治保障。2023年至2024年9月，横琴珠港澳（涉外）公共法律服务中心联合调解机构调解165宗案件，为在大湾区工作生活的琴澳居民及企业提供线下服务超过10,500人次、线上咨询服务超过4000宗，其法治建设成果被央视报道。横琴公证处建立内地与澳门公证服务“直通车”，接受中国法律服务（澳门）公司委托代办公证及认证超过152件，办理商事登记代办业务超过120件，被评为全国公共法律服务工作先进集体，入选司法部“海外远程视频公证机构”。珠海国际仲裁院（横琴国际仲裁中心）入选教育部、司法部确定的全国20个涉外仲裁人才联合培养仲裁机构名单，目前有来自澳门地区的仲裁员89名，办理涉澳门案件数量居全国仲裁机构首位，被评为全国公共法律服务工作先进集体。

三、下一步工作思路

合作区将会同琴澳国际法务集聚区各入驻机构，重点围绕澳资企业、澳门居民和其他经营主体、居民的法律服务需求，在补齐短板、锻造长板上同向发力、多下功夫，进一步丰富集聚区“软实力”，争取更大程度的涉澳法治创新权限，不断提升合作区公共法律服务水平，将琴澳国际法务集聚区打造成为大湾区特色鲜明、优势突出、服务高效、市场欢迎的亮丽名片。

（供稿单位：合作区法律事务局、广东省政府横琴办政法工作处）

打造琴澳联动普法新模式

法律撰之于民，用之为民。为促进澳门居民更好了解内地法律、法规、政策，合作区联动澳门法律机构，转变以往形式较为单一的“大水漫灌”式普法方式，充分发挥澳门社团网络和法律业界专家作用，搭建琴澳联动普法平台，围绕琴澳居民可观可感、关注留意的各类事项，从法律视角切入民生问题，以“小切口”、多样化的方式开展宣传讲解活动，形成以琴澳联动、丰富多元为特点的跨境普法新模式。

一、主要做法

（一）互用普法渠道和载体

用好网络传媒，以“动画视频”“网上说法”等普法新形式吸引琴澳居民认识合作区。在合作区执委会官网上线“琴法视界”专栏，推出 10 期“齐来认识深合区”普法动画短视频、20 期网上节目和电台节目，并在澳门特别行政区政府和社团机构相关大楼、电台和新福利公交车显示屏、合作区官方媒体渠道播放，以通俗易懂的语言和方式，让澳门居民了解内地法律。贴近澳门居民阅读习惯，以卡通方式精编“知多 D”系列小册子。其中，《横琴生活锦囊知多 D》小册子以人物问答的形式，生动呈现通关、交通、置业及房屋租赁、物业管理、金融、消费者权益保障、开办公司、就业、婚姻家事、教育医疗养老及社区服务、社会保险和争议解决 12 个板块内容，编制了 100 条两地居民常见的疑惑及对应妙招。将小册子投放至横琴政务服务中心办事大厅、横琴口岸、澳门新街坊等琴澳两地人流量密集区域以及线上媒体渠道，方便两地居民取用阅读。

上图 / 下图：2023 年“我为琴澳规则衔接献一策”总结暨《横琴生活锦囊知多 D》小册子发布会

（二）共办趣味普法活动

上线合作区知识“闯关游戏”，面向琴澳两地居民全面介绍合作区发展情况，通过玩游戏、答问题、得奖品，让澳门居民从游戏中了解合作区相关政策法规。共同举办法治文化表演、民法典游园集市、宪法游园会、“云·律道”学法打卡等创意宣讲活动，将宪法、民法等国家基本法律以及生活法律常识、合作区最新政策传播给两地居民，让琴澳居民主动学习法律知识，培养公民意识和法治观念。

2023 年合作区“国家宪法日”集中宣传活动

2024 年合作区“民法典宣传月”活动

（三）推动“引进来”“走出去”双向普法

“引进来”澳门法律人士到横琴开展“澳门研究系列讲座”，定期邀请熟悉两地不同领域的法律人士生动讲述琴澳两地在出入境通关、生活居住、教育医疗、社会保障等领域相关的法律规定，以场景化案例化解读和剖析立体展现两地的法律异同；围绕澳门法律体系、澳门基本法、澳门商法典、澳门民法典等主题开展多轮交流互动，带领听众从不同角度深入理解澳门法律文化，了解合作区推进法律规则衔接有关情况。“走出去”推行“合作区法律进澳门”普法行系列活动，邀请熟悉两地不同领域的法律人士赴澳普法，为澳门街坊会联合总会、澳门工会联合总会、澳门智库机构、澳门普法义工团的成员讲授两地消费者权益保障、劳动权益保障、就业创业、交通规则等不同主题的法律差异。

（四）面向特定群体上门普法

走进澳门校园开展“法润童心”，在澳门中小学普法课堂增设有关合作区的普法课程，从学生感兴趣的视角出发，为澳门中小学生全方位介绍合作区概况。针对小微企业，通过免费法律服务助力普法，组建合作区的法律服务团队，共为50多家在合作区实质性经营且契合合作区四大产业发展方向的初创企业及个体工商户，提供定期免费法律服务，协助其完善法人治理结构和管理制度，降低企业经营生产过程中的法律风险。

二、实践成效

（一）加深澳门居民对合作区法律政策的了解与认知

通过“琴澳两地联动+线上线下互动”及形式多样丰富的普法宣传，普法宣传的对象从合作区居民延展到持续关注合作区动态的众多澳门居民，合作区的法律法规与政策规范在多样化阐释下更加通俗易懂，加深了澳门居民对合作区法律政策的认知。其中，第一届合作区政策与法律知识闯关游戏吸引上万人次琴澳居民踊跃参与，并有225名琴澳居民获得奖励。

（二）增强澳门居民来合作区生活、就业的意愿

通过普法宣传、免费法律服务，为在合作区居住生活、创业就业的琴澳居民及市场主体提供了充分的法治知识，让澳门居民深入了解合作区在生活居住、教育医疗、社会保障等领域的法律法规，尤其是

在合作区生活工作的利好政策，更多的澳门居民增强了在合作区工作生活的信心与意愿。

“服务实体经济　律企携手同行”暨法律服务进园区专项活动

（三）加快推动琴澳两地法律规则衔接、机制对接

通过持续举办“澳门研究系列讲座”“合作区法律进澳门”双向普法系列活动，累计吸引上千名琴澳两地居民参加。普法活动以场景化案例化解读和剖析两地法律规则差异，聚焦“差异”寻找规则衔接“突破口”，有效推进琴澳两地法律领域的交流合作。

三、下一步工作思路

合作区将进一步强化协同普法机制，积极打造区域普法品牌，推动由内地居民和澳门居民共同组成普法义工团，逐步推动普法工作由政府主导向社会化转变。加快建设粤港澳大湾区青少年宪法与基本法教育实践基地，加大对琴澳居民特别是澳门居民的普法宣传力度，提升普法渗透力，以丰富深入的普法宣传促进琴澳一体化发展。

（供稿单位：合作区法律事务局）

构建与琴澳一体化相适应的立法保障体系

改革开放越深入，越要强调法治。合作区作为一块促进澳门经济适度多元发展的特殊“试验田”，在不同制度、不同法域背景下，既保持规则制度的灵活性，又做到重大改革于法有据，对深刻理解和把握法治与改革的关系提出了更高要求。合作区自成立以来，按照《横琴方案》法治保障要求，坚持在法治下推进改革，在改革中创新和完善法治，不断创新立法工作机制，发挥立法放权、赋权功能，法治固根本、立长远、稳预期的保障作用逐步彰显。

一、主要做法

（一）发布合作区机构运作“出生证”

2021 年 9 月 17 日，广东省人大常委会发布了《关于横琴粤澳深度合作区有关管理体制的决定》，明确设立合作区管委会、执委会并赋予其承担合作区经济和民生管理职能的法定机构地位。根据该决定，合作区执委会及其工作机构可基于广东省人民政府及其有关部门、珠海市人民政府及其有关部门的依法授权或者委托，行使有关省级、市级管理权限。

（二）推出首部综合性法规

2023 年 2 月 8 日，广东省人大常委会发布了引领和保障合作区建设的首部综合性法规——《横琴粤澳深度合作区发展促进条例》。该条例共8章66条，对合作区治理体制、规划建设与管理、促进产业发展、便利澳门居民生活就业、推动琴澳一体化发展和法治保障等方面作出规定，尤其是第七章专章规定的“法治保障”内容，明确回应了合作区对立法、执法、行政复议以及多元化商事纠纷解决机制方面的需求。

《横琴粤澳深度合作区发展促进条例》新闻发布会

（三）搭建“立法直通车”

为解决合作区立法难度大、流程长、不确定因素多等问题，在珠海市人大常委会的大力支持下，协商建立了合作区“立法直通车”机制，凡涉及合作区建设的地方立法项目可以不受珠海市人大常委会年度立法计划限制，随报随审，通过制度性安排最大限度满足合作区的立法诉求。

二、实践成效

（一）保障了合作区“挂牌即运作”

《关于横琴粤澳深度合作区有关管理体制的决定》的出台，明确了合作区的管理体制及改革赋权事宜，完成了《横琴方案》有关政策部署的合法化，确立了合作区管理机构的组织架构和职权范围；明确了合作区执委会及其工作机构的职权来源，初步理顺了合作区有关机构与广东省有关单位之间的关系；明确了广东省在合作区设立派出机构，在职权范围内履行属地管理职能，有力支撑了合作区实现“挂牌即运作”。

（二）有力支撑了合作区改革创新

《横琴粤澳深度合作区发展促进条例》为合作区的管理运行奠定了更为系统全面、明确细致的法治基础，为合作区高质量发展提供了坚实的法治保障。进一步理顺了合作区有关机构与广东省、珠海市有关单位之间的关系，明确了各方之间的工作机制，以及职责分工不明时的解决路径。明确对合作区放权赋能，为广东省人民政府委托、下放两批共 182 项省级行政职权由合作区执委会及其工作机构行使提供法律依据，给予合作区更大的自主改革发展空间。支持合作区建立容错免责机制，对合作区在改革开放重要领域和关键环节大胆创新、先行先试、自主探索给予法律保障。

（三）进一步促进了琴澳规则衔接

“立法直通车”机制优化了立法流程，缩短了立法周期，为立法条件成熟的合作区重大创新政策及时转化落地为法规提供保障。目前，由珠海市人大常委会运用珠海经济特区立法权，制定和修订了涉及港澳建筑行业、旅游行业、医疗行业的从业人员在合作区直接执业等相关的 4 部法规，促进港澳专业人士跨境便利执业。珠海市人大常委会在《珠海经济特区反走私综合治理条例》中设立“横琴粤澳深度合作区特别规定”专章，为确保合作区“分线管理”政策平稳实施提供了有力的法治保障。

三、下一步工作思路

合作区将继续创新和优化立法工作机制，用好、用足珠海经济特区立法权，进一步探索扩大合作区立法创新的领域和范围，为深化琴澳一体化发展提供更坚实的立法保障。

（供稿单位：合作区法律事务局）

建立跨境纠纷联合调解机制

法治是最好的营商环境。近年来，合作区人民法院坚持诉调结合、调解优先，充分发挥司法在跨境纠纷化解中的引领、推动和保障作用，通过搭建一站式多元解纷平台，引入澳门特邀调解员，灵活适用调解规则，形成了高效便捷、协调联动的跨境纠纷联合调解新格局，为琴澳一体化发展提供优质的司法服务保障。

一、主要做法

（一）创新跨境纠纷联合调解机制

为精准对接境内外当事人的纠纷解决需求，合作区人民法院发挥港澳调解员熟悉港澳法律规定、通行规则和社会观念的专长，创立“内地调解员＋港澳调解员”“法官＋港澳调解员”联合调解模式，通过线上与线下相结合的方式开展说服解释工作，充分满足境内外当事人不同的解纷需求。同时，通过制定《诉调对接工作规程》，明确联合调解的形式、调解员的优先委派或委托、调解规则的适用等内容，以制度保障推动联合调解工作规范开展。

合作区人民法院邀请香港、澳门调解员联合调解涉港离婚纠纷

（二）灵活适用域外调解规则

合作区人民法院充分尊重当事人的意思自治，在调解跨境纠纷过程中，可由当事人协议选择适用港澳地区法律、外国法律、国际公约等域外规则进行调解。首创调解员协助查明域外法模式，搭建“法院依法自主查明 + 港澳调解员协助查明”的多元化查明模式，为化解跨境纠纷提速增效。

（三）引入港澳专业调解力量

合作区人民法院通过与珠海市涉港澳纠纷人民调解委员会等 14 个专业调解组织签署合作备忘录，整合调解资源，共建多元解纷中心。联合珠海市金融纠纷人民调解委员会、横琴金融行业协会挂牌成立横琴（珠澳）金融纠纷调解室，邀请北京融商一带一路法律与商事服务中心委派调解员驻点法院，实时实地开展联合调解，形成常态化、专业化的解纷模式。组建专业化、国际化的调解队伍，聘任境内外 119 名专业人员担任特邀调解员，其中包括 5 名香港调解员、16 名澳门调解员，由港澳调解员负责家事纠纷、借款纠纷等涉港澳纠纷案件的调解工作。建立特邀调解员名册，出台《特邀调解员补贴管理办法》，激发调解员的积极性和主动性。

合作区人民法院运用联合调解机制调解一起跨境纠纷

（四）推动解纷“一网通办”

合作区人民法院聚焦跨境当事人异地诉讼难问题，充分运用“广东法院诉讼服务网”“粤公正”小程序等线上平台，构建“线上调解 + 线上司法确认”解纷模式。打造智能化一站式服务平台，运用智能科技整合 19 个法院系统平台，在法院微信公众号开通“诉讼服务一站通办”模块，提供网上立案、网上调解、在线授权见证、电子送达等智慧精准的诉讼服务，形成“一站通办”的便民利民新格局。

（五）推行调审一体化

合作区人民法院发挥诉讼与调解全方位对接的制度优势，不断健全完善“审判团队 + 调解员”调审一体工作机制，助推矛盾纠纷化解在前端。整合优质调解力量，每个审判团队吸纳两名特邀调解员，通过各方配合、优势互补，共同引导当事人探寻矛盾纠纷最优解，实现法律效果与政治效果、社会效果有机统一。

二、实践成效

（一）形成了多元化、专业化的解纷样本

合作区人民法院不断总结调解经验，开创调解工作新思路，深化一站式多元解纷机制建设，为琴澳高质量融合发展提供了优质的司法服务和有力的司法保障。该项工作成果荣获最高人民法院首届“人民法院涉港澳司法合作优秀成果”三等奖、首届“广东法院改革创新奖”，入选广东全省法院综合提升审判质效“优秀工作机制”、广东自贸试验区第六批制度创新案例，获评珠海法院“十大微创新奖”。

（二）有效提升跨境纠纷化解质效

合作区人民法院通过发挥多元解纷中心的“总指挥”作用，全部跨境纠纷进入诉讼前经由多元解纷中心过滤，引导跨境纠纷通过非诉途径解决，充分发挥了调解分流诉讼、缓和社会矛盾的积极作用。2021 年至 2024 年 9 月，合作区人民法院多元解纷中心共调处跨境纠纷 2634 件，其中运用联合调解机制调处跨境纠纷 1991 件。借助智慧法院诉讼平台，实现跨境纠纷全流程在线办理，让跨境当事人切身感受到司法服务“跨境办”“指尖办”“高效办”，凸显了现代化司法服务的优势和特色。

（三）营造了包容开放的法治化营商环境

合作区人民法院充分发挥调解在案件审判各个阶段的显著优势，只要纠纷当事人在诉讼过程中有调解的意向，办案法官便及时启动调解程序，推动矛盾纠纷彻底化解，实现“抓前端、治未病”。在充分保障纠纷当事人意思自治的基础上，合作区人民法院保障其在选择诉讼过程中通过调解化解矛盾纠纷的自由，充分满足了境内外当事人多样化、多层次的纠纷解决需求。

三、下一步工作思路

合作区人民法院将积极开展综合授权改革试点，围绕健全便利化跨境调解规则、构建国际化解纷人才体系、深化跨境调解规则“软联通”等方面开展创新探索，积累更多创新示范经验，持续提升跨境纠纷化解的能力和水平，为境内外当事人提供多元化、便利化、国际化的解纷平台。

（供稿单位：合作区人民法院）

深化琴澳司法交流协作机制

深化琴澳司法交流协作是落实《横琴方案》要求、推动建立共商共建共享多元化纠纷解决机制的重要举措。合作区人民法院着力破解涉澳审判“送达难”“取证难”等“瓶颈”，在最高人民法院授权下，通过持续优化涉澳司法协助案件办理机制，畅通跨境民商事纠纷解决路径，提升涉澳司法协助工作质效，实现与澳门法院直接对接办理委托送达和调查取证，架起了琴澳司法机关交流合作“连心桥”。

一、主要做法

（一）开辟司法协助便利化通道

合作区人民法院致力于优化琴澳司法协助流程，率先提出直接对接澳门法院进行司法协助的建议。2022 年年初，合作区人民法院获得最高人民法院授权，与澳门终审法院建立直接委托送达和调取证据机制，率先在送达和取证领域打通了琴澳司法协助渠道，实现了琴澳“点对点”送达和取证，减省转递环节，提升协助效率。为进一步深化琴澳两地法院之间的交流协作，合作区人民法院与澳门初级法院于 2023 年 12 月签署《加强司法交流协作纪要》，双方在巩固和深化两地法院互访交流机制、轮流举办各类专业研讨活动、分享两地司法改革及司法领域信息技术应用的经验等方面达成共识。

合作区人民法院与澳门特别行政区初级法院在横琴签署《加强司法交流协作纪要》

（二）首创“先协寻后送达”模式

为破解跨境“送达难”问题，合作区人民法院与澳门法院合力开创“先协寻后送达”模式，将委托送达与委托调查取证两项制度合二为一。对于没有提供送达地址或邮寄被退件的澳门当事人，合作区人民法院在委托送达的同时附上调查取证委托书，委托澳门法院先调查受送达人的身份资料及有效送达地址，找寻受送达人下落后再进行送达，提高跨境送达成功率。

（三）推行司法协助智能化运作

合作区人民法院推行司法协助平台化运作，运用“全国法院司法协助管理平台”，率先实现与澳门司法协助网络互通、平台衔接。通过司法协助网络互通平台，以线上操作方式替代以往线下纸质邮寄方式开展司法协助，实现琴澳两地司法协助案件全流程在线转递、审查、办理和追踪。

运用“全国法院司法协助管理平台”推进琴澳两地司法协助案件全流程在线办理

二、实践成效

（一）涉澳诉讼效率显著提升

合作区人民法院率先实现与澳门法院“点对点”办理相互委托送达和调查取证，省去了以往由省高级人民法院审批和转递的环节，有效提高了涉澳案件的办理效率。自获得最高人民法院授权以来，合作区人民法院委托澳门法院送达的案件，平均办理时长由 194 天缩短至 108 天，委托送达和调取证据最快仅需 33 天，缩短了诉讼时长，高效化解了境内外当事人的矛盾纠纷。

（二）线上送达成功率大幅提升

涉澳司法协助案件从立案审批到反馈结案等全部流程均在司法协助管理平台上办理，以“线上”替代“线下”，切实提升了司法协助案件办理的智能化和精细化水平。在文书送达方面，合作区人民法院通过与澳门法院协作互助，最大限度确保送达地址的准确性，有效提升了文书送达成功率。2021 年至 2024 年 9 月，合作区人民法院共委托澳门法院送达文书 503 件，送达成功率达 66% 以上。

（三）琴澳法治融合持续深化

合作区人民法院以促进琴澳法治深度融合为主线、以涉澳案件办理为契机、以涉澳司法协助为抓手，进一步强化与澳门法院的沟通对接、交流合作，建立互信互助互惠的合作关系，不断创新优化涉澳司法协助机制，合力提高涉澳案件办理质效，推动打造涉澳司法协助示范地，以高水平法治合作为琴澳一体化发展提供强有力的法治保障。

三、下一步工作思路

合作区人民法院将紧紧围绕“逐步构建民商事规则衔接澳门、接轨国际的制度体系”的目标，深化先行先试、创新探索，持续加强琴澳人才跨域培训和互派交流，不断深化两地法院互访交流机制，推动琴澳两地诉讼、仲裁、调解等纠纷解决规则衔接，将制度之异转化为制度之利，以高质量司法服务助推琴澳“双向奔赴”。

（供稿单位：合作区人民法院）

完善涉港澳诉讼程序机制

完善涉港澳诉讼程序机制是落实《横琴方案》、推动合作区法治创新的重要举措。为贯彻《最高人民法院关于支持和保障横琴粤澳深度合作区建设的意见》有关要求，进一步便利涉港澳案件当事人参与诉讼，合作区人民法院通过搭建一站式诉讼服务平台、简化涉港澳案件诉讼程序、优化跨境诉讼服务机制，实现涉港澳案件审判提速办理，为将合作区打造成涉港澳民商事审判优选地创造有利条件。

一、主要做法

（一）搭建跨境诉讼服务机制

合作区人民法院打造“诉讼服务一站通办”平台，设置“服务指引”“一站式诉讼服务”“跨境诉讼服务”“多元解纷”“司法公开”等栏目，为当事人提供跨境立案、在线授权见证、网上开庭等服务。设置跨境服务窗口，包括大湾区案件立案窗口、多语种服务窗口等特色窗口，为港澳当事人开通绿色服务通道。强化诉讼流程指引，制定《跨境诉讼服务工作指引》《诉讼服务工作清单》等，为港澳当事人提供操作指南。提升跨境诉讼透明度，公开简繁体中文、英文及葡文版《涉港澳民商事案件诉讼风险特别提示》，常态化公示港澳调解员名册。

（二）创新涉港澳民商事审判机制

在管辖标准上，合作区人民法院适度放宽港澳居民诉讼管辖审查标准，试行以港澳居民内地居住证为依据确定管辖权，便利港澳居民参与诉讼。在审判队伍上，合作区人民法院建立3个涉外审判团队，推行“法官＋法官助理＋书记员＋速录员”运行模式，同时组建专门的涉外审判合议庭，集中力量提高涉港澳审判质效。在诉讼程序上，简化授权委托见证程序，通过小程序“授权见证通”推出线上授权见证，以视频在线的方式为港澳当事人提供授权委托见证服务。简化涉港澳案件诉讼程序，率先试行简易程序和速裁机制审理涉港澳民商事案件，推动涉外审判效率不断提升。

邀请澳门调解员协助查明澳门法律

（三）探索域外法查明和适用机制

创新民商事法律适用规则，允许当事人协议选择适用域外法解决纠纷。在不违反我国法律基本原则且不损害国家主权、安全和社会公共利益的前提下，允许在合作区注册的港澳投资企业协议选择适用香港法律或澳门法律解决合同纠纷。创新域外法查明模式，搭建“法院依法自主查明＋港澳调解员协助查明”的多元化查明模式，着力破解域外法“查明难”“查明慢”等难题。以审判实践为基础，在微信公众号平台上建立域外法适用案例库，通过发布域外法适用典型案例，为法官审理类案提供案例参考，提升域外法运用能力。

二、实践成效

（一）塑造了涉外民商事审判特色品牌

合作区人民法院充分利用案件资源，注重培育精品案例，努力打造横琴改革样本。2021 年以来，合作区人民法院共有 9 个改革项目和改革案例获评奖项，受到上级法院充分肯定，其中，“探索跨境商事规则衔接”改革成果获评首届“广东法院改革创新奖”，“‘三新’模式助力提升涉港澳诉讼服务质效”案例入选广东法院“服务保障高质量发展”专题改革案例。

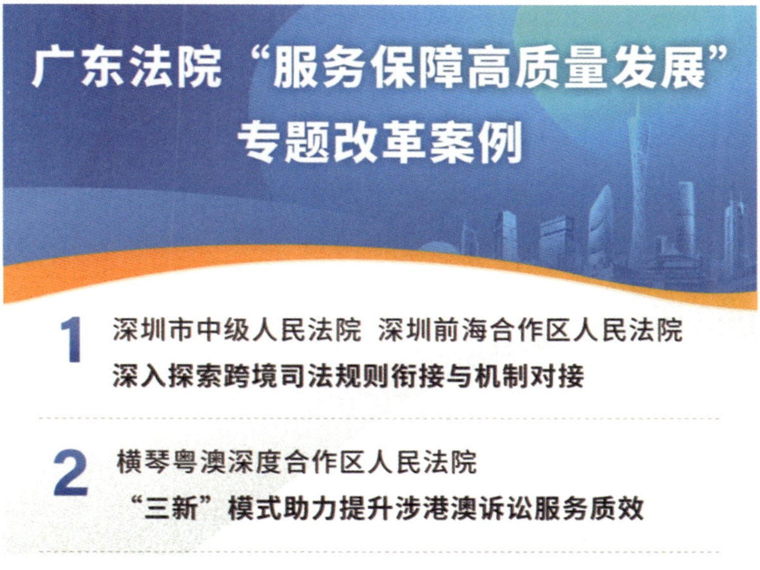

“‘三新’模式助力提升涉港澳诉讼服务质效”案例入选广东法院“服务保障高质量发展”专题改革案例

（二）涉港澳审判工作提质增效

案件收结比例均衡，2021 年至 2024 年 9 月，合作区人民法院新收涉外、涉港澳台民商事案件共 5159 件，其中涉港案件 1508 件、涉澳案件 3158 件，审结涉港澳案件共 4665 件，办结率达到 99.98% 以上，审理周期大幅缩短。在合作区人民法院审结的4665件涉港澳案件中，57.41%的涉港澳民商事案件适用简易程序审理，9.32%的涉港澳民商事案件适用速裁机制审理。涉港澳民商事案件的平均审理周期为142天，其中，适用普通程序审理的平均周期为242天；适用简易程序审理的平均周期缩短至75天；适用速裁机制审理的平均周期缩短至21天，有效推动涉港澳民商事纠纷公正、便捷、高效化解。域外法得到准确查明与适用，2021年至2024年9月，合作区人民法院共适用域外法审理了34件案件，其中30件适用澳门法律审理，2件适用香港法律审理，有效维护了港澳当事人的合法权益，提升了合作区的司法公信力。

（三）司法服务保障能力明显提升

合作区人民法院不断优化涉外诉讼服务体验，通过微信平台将各项诉讼服务功能整合升级，做到诉讼服务“一站通办”，充分激发智慧法院建设潜能，将智能诉讼服务平台打造为群众满意的“指尖上的诉讼服务中心”。2021年至2024年9月，合作区人民法院实现网上立案21,165件、线上庭审1426场，线上调解4013件、电子送达26,804件。完成线上授权委托见证784次，以视频在线方式办理跨境授权委托见证，全流程最快仅需5分钟，切实让港澳当事人感受集约高效、便民利民、智慧精准的诉讼服务新体验，以更优质的涉外司法服务保障合作区涉外法治建设。

三、下一步工作思路

合作区人民法院将紧紧围绕琴澳一体化发展格局，依法能动履职，积极回应港澳当事人的司法需求，加大力度探索更加符合琴澳融合发展需要的涉港澳诉讼程序规则衔接、机制对接做法，不断提升涉外审判质效，以高水平涉外司法将合作区打造为彰显“一国两制”优势的法治示范地。

（供稿单位：合作区人民法院）

创新涉澳刑事案件治罪与治理

全力维护在合作区的澳门居民、澳资企业和广大经营主体的合法权益，是合作区检察机关服务保障合作区建设的重要职责。合作区人民检察院通过出台相关保障措施、畅通澳门居民企业诉求表达渠道、建立涉澳刑事案件办理机制、创新涉澳轻罪治理方式，逐步形成了琴澳一体化进程中检察机关探索涉澳刑事案件治罪与治理的新模式。

一、主要做法

（一）创新涉澳刑事案件办理机制

为进一步提高涉港澳刑事案件办理质效，合作区人民检察院制定《涉港澳刑事案件检察官办公室工作方案》，设立涉港澳刑事案件检察官办公室，并建立涉港澳刑事案件专人专办、公安立案24小时内通报、100%提前介入引导侦查取证、当事人法律援助全覆盖等工作机制，依法、准确、及时打击侵犯澳门企业和居民合法权益的犯罪行为。对于刑事案件附带的民事诉讼或民事公益诉讼，合作区人民检察院从合作区联营律师事务所中，聘请5名澳门籍律师担任检察听证员，制定《广东省横琴粤澳深度合作区人民检察院港澳籍听证员选任管理办法》，充分发挥其具有涉澳专业法律知识的优势，促进检察案件高质效办理。

聘任澳门籍律师担任检察听证员

（二）推进量刑建议规范化、精准化

进行类案分析，提升量刑建议精准度，在刑事案件办理过程中，合作区人民检察院通过对涉澳刑事案件判决情况进行分类统计，梳理生效判决的量刑情况，形成合作区涉澳刑事案件量刑数据库，为精准量刑提供有力参考。加强协作配合，统一类案量刑尺度，合作区人民检察院通过与公安、法院等部门积极交流、研讨磋商，形成较为统一的量刑建议衡量尺度，减少量刑分歧，确保量刑建议的精准化和采纳率。

（三）探索涉澳轻罪治理新模式

合作区人民检察院制定《横琴粤澳深度合作区关于办理轻罪案件的工作机制》，加强与公安机关、海警机构、司法行政机关的衔接配合，优化工作流程，建立涉澳轻罪案件办理“绿色通道”，打造从快从简的处理模式。开展类案试点，打造惠澳治理样本，合作区人民检察院以醉酒驾驶类轻罪案件为切入点开展试点工作，参照澳门社会服务令制度，对于该类案件，由检察机关向省横琴办政法工作处发送《关于协助提供社会公益服务的函》，安排犯罪嫌疑人从事交通志愿服务，打造具有惠澳特色的轻罪治理新模式。

危险驾驶案件犯罪嫌疑人从事交通志愿服务

（四）畅通澳门居民和企业诉求表达渠道

设立澳门企业诉求表达“绿色通道”，实行澳门企业界人士通过“12309”专线等方式直接约见检察长制度。落实首办责任制，提高来信来访处理效率，对于澳门居民、企业的信访诉求缩短至5日内程序性答复、两个月的办理进展或结果答复。面向澳门企业界人士推介和运用“12309中国检察网”、远程视频接访系统等智能化检察综合平台，为澳门企业提供直观、全面、便捷表达诉求的有效途径。

二、实践成效

（一）办案效率显著提升

合作区人民检察院通过多途径探索，逐步构建起集依法打击、保障权益、风险防控于一体的涉澳刑事案件办理模式。近年来，合作区人民检察院先后办结涉澳刑事案件150余宗，案值近10亿元，涉澳刑事案件办理质效得到有效提升。在办理某起案值达1.5亿元、涉案人员超200人的重大疑难案件中，涉港澳刑事案件检察官办公室充分发挥其团队办案优势，对涉案人员采取“分类审查、合并案情、统一认定入罪标准”的工作模式，大幅缩短了涉澳轻罪刑事案件办案期限。涉港澳刑事案件检察官办公室办理的一起偷越边境案，从检察机关受理案件到开庭审理仅用了14天时间，切实维护了涉案当事人的合法权益。

（二）促进澳门主体安心生活和经营

合作区人民检察院在依法严厉打击各类犯罪的同时，严格区分因先行先试出现失误与明知故犯违法犯罪的界限，对于涉澳刑事案件，严格遵循公正平等的司法理念，最大限度地维护澳门企业和澳门居民的合法权益，使其在合作区安心经营、放心投资、专心创业，切实增强了澳门居民和企业的归属感和认同感。

（三）大数据赋能法律监督成效显著

合作区人民检察院为破除跨部门之间的数据壁垒，以相关数字特征要素切入，通过多维碰撞构建大数据法律监督模型，构建了“偷越边境法律监督数据模型”。通过对海量数据进行筛查，发现本罪立案监督精准线索5条、可疑线索40条、侦查机关异常执法线索1条。该模型得到广东全省检察机关推广使用，为合作区建设贡献了“检察+”合力。

三、下一步工作思路

合作区人民检察院将持续深化涉澳刑事案件的治罪与治理机制，加强与澳门刑事诉讼规则衔接，探索琴澳两地刑事证据互认及鉴定认同机制，在刑事诉讼程序上完善涉澳当事人的权利救济，深化与澳门检察院的常态化交流联络，积极推动琴澳两地刑事司法互助，探索开展两地刑事判决互认等工作，以治罪与治理并重画好琴澳和谐发展“同心圆”。

（供稿单位：合作区人民检察院）

后记 / POSTSCRIPT

合作区带着服务澳门“一国两制”新实践的使命任务而生，逐步发展充满活力。作为粤港澳大湾区重要平台，合作区区位特有、定位特别、目标特定、政策特殊、体制特色的“五特”优势使其具有鲜明的改革开放创新属性和特点。创新和开放融入合作区的血脉，也是其内生基因。在这片开放前沿和改革热土上，运用规则衔接、机制对接破解“两法”壁垒、化解“两制”之异，发挥“两制”之利，促进琴澳一体化发展成为使命所在、日常所思、常态所为。此背景下，我们将日常探索、工作实践和初步的规律性认识编辑形成《绽放琴澳一体化之花：横琴粤澳深度合作区规则衔接路径探索（2021—2024 年）》，以期激发更多关于粤港澳大湾区规则衔接、机制对接的深层次思考与广泛讨论，促进合作区、粤港澳大湾区乃至更广泛区域的规则、规制、管理、标准融合贯通，积极打造具有中国特色、彰显“两制”优势的区域开发示范。

本书得以顺利付梓，离不开各方面的大力支持和帮助。

感谢中央部委的深切关怀与政策供给，尤其得益于国家发展改革委（中央区域办）锲而不舍统筹协调，中央港澳办、中组部、中央网信办、全国人大常委会法制工作委员会、最高人民法院、最高人民检察院、外交部、教育部、科技部、工业和信息化部、公安部、民政部、司法部、财政部、人力资源和社会保障部、自然资源部、住房和城乡建设部、农业农村部、商务部、文化和旅游部、国家卫健委、应急管理部、人民银行、国务院国资委、海关总署、国家税务总局、市场监管总局、金融监管总局、国家广电总局、国家药监局、国家移民管理局、国家中医药管理局、国家外汇管理局等部委授权支持，政策赋能，将合作区作为本领域深化改革、扩大开放的试验田和先行区，合作区的规则衔接、机制对接探索之路才能越走越宽、越走越深、越走越顺、越走越实，并不断取得新成效，展现新气象！

感谢粤澳双方的高度共识和悉心指导，粤澳双方对推动琴澳规则衔接具有高度共识，不仅合作区管委会双主任高度重视并亲自研究部署、重点推动规则衔接工作，粤澳成员单位积极参与重点规则衔接事项的方案制定，协调调法调规，指导具体实践，为合作区规则衔接工作的有序开展提供了坚强保障，双方以实际行动诠释了同心同德，携手前行与“共商共建共管共享”的真谛！

感谢合作区高度重视，执委会、省派出机构各部门及中央、省、市驻区单位的高效协同、攻坚克难，执委会始终将规则衔接作为“琴澳一体化”的“生命线”“先手棋”推进各项工作，各部门立足部门职责，解放思想、深入谋划、埋头苦干、勇毅前行，将“一盘棋”的协作理念转化为实际行动，营造了一种人人、处处重规则衔接的良好氛围，以“我要干”的干事创业热情为合作区规则衔接、机制对接工作提供源源不断的源头“活水”！

感谢中国社会科学院法学研究所国际法研究所联合党委书记、法学研究所所长莫纪宏，澳门大学法学院院长唐晓晴，商务部国际贸易经济合作研究院副院长张威等专家学者，作为本书特邀顾问，为本书案例遴选提供了重要指导意见。此外，我们还特别鸣谢第三方横琴粤澳深度合作区创新发展研究院的积极支持，以及法律出版社的辛勤付出，他们在书稿筹备、编辑、版式设计等方面倾注的大量心血，展现了深厚的专业素养，为本书的顺利出版提供了有力保障。

“千淘万漉虽辛苦，吹尽黄沙始到金。”谨以此后记，再次向所有为合作区建设与发展付出努力的人们致以崇高的敬意和衷心的感谢！合作区是个新事物，今年刚满 3 岁，推动“琴澳一体化”的规则衔接、机制对接探索没有休止符，合作区始终在路上。合作区的一些尝试和实践还是初步的，距离高质量、高水平和高标准仍存在一定差距，同时由于时间比较紧张、水平能力有限，典型案例中难免出现疏漏、不足之处，敬请方家及读者朋友批评指正。